Feste und Gäste

MIT DEN SCHÖNSTEN REZEPTEN UND DEKO-IDEEN
DURCHS JAHR

Wohnen & Garten

Feste und Gäste

MIT DEN SCHÖNSTEN REZEPTEN UND DEKO-IDEEN
DURCHS JAHR

CALLWEY

Frühling

- **Frühstück mit Valentin (10)**
  Biskuitherz mit Zuckerperlen | Schokoladentorte mit Granatapfelkernen | Schokoladenkuchen | Himbeerbaisers

- **Maskenball und Mummenschanz (14)**
  Deko-Ideen und Inspiration

- **Frühlingspoesie (18)**
  Spritziger Mojito | Maibowle | Zitronentörtchen | Frischkäse-Zucchini-Lasagne | Kräuterquark

- **Osterideen aus der Hasenschule (22)**
  Seezungenröllchen in Feigen-Trauben-Soße | Jakobsmuscheln mit Champignons | Süße Osterhasen | Schokoladencreme mit Himbeeren

- **Osterfreuden – Ländliche Idylle zum Fest (26)**
  Safraneier mit drei Soßen | Kräutersüppchen | Struwen mit Ziegenkäse und Spinat | Hefekranz | Hefeteig-Osterkranz mit Mandeln und Rosinen | Eierlikör im Moosnest

- **Eine fröhliche Landhochzeit (32)**
  Französische Hochzeitstorte | Weiße Hochzeitstorte | Flusskrebsvariationen mit Salat | Rucolasalat mit Feigen, Parmaschinken und Mozzarella

- **Aufstriche, Dips & Köstliches im Glas (38)**
  Bärlauchschaumsüppchen | Gazpacho mit Chili | Kalte Vichyssoise-Suppe | Kalte Gurken-Joghurt-Suppe | Peperonatasuppe mit Feta | Putensalat mit Nüssen | Rillettes mit Apfel und Thymian | Schwarze Olivenpaste | Petersilienwurzel-Aprikosen-Minze-Dip | Erbsen-Minze-Dip | Heidelbeer-Trifle | Schokoladencreme | Mandelcreme

- **Kommt, wir feiern ein Apfelblütenfest (44)**
  Ziegenkäse „Blütenzauber", Käserolle mit Bärlauch | Pikanter Hefekuchen mit Kräutern | Kichererbsensalat mit Feta und Koriander | Kräuterbrot | Bärlauchbutter

- **Deko-Ideen für den Frühling (50)**

Sommer

- **Festmenü in Sommerlaune (54)**
  Hähnchenkeulen in Fruchtsoße | Campari-Cocktail | Sommersalat mit Honigmelone

- **Ein Festival der Rosenträume (58)**
  Espresso-Mascarpone-Kuchen mit kandierten Rosenblüten | Rosen-Himbeer-Gelee | Muffins mit Rosenblütendeko | Roseneis

- **Sommer im Park (62)**
  Filet mit Pflaumen und Ingwer | Portobello-Pilze mit Spinat und Taleggio überbacken | Zwetschenknödel mit brauner Vanillebutter | Baiserplätzchen mit Pistazien | Pistazieneis mit Blütenblättern

- **Sommer, Sonne, Vitamine (66)**
  Himbeerdrink | Gurkendrink | Johannisbeerdrink mit Sekt | Bloody Mary und gefüllte Windbeutel | Drei fruchtige Cocktails | Karaffe mit Zitrusfrüchten | Alkoholfreie Sommerbowle | Tomatensalat mit Ziegenkäse und Basilikum | Baguette mit Rührei und Räucherfisch | Gefülltes Gemüse mit Ziegenfrischkäse | Portobello mit Ziegenkäse und Parmaschinken | Crab Cakes mit Tomaten-Ingwer-Chutney

- **Feine Marmelade (72)**
  Beerenkonfitüre | Erdbeer-Kirsch-Konfitüre | Aprikosen-Maracuja-Marmelade | Erdbeer-Schoko-Quark | Beerenroulade

- **Auf glühenden Kohlen in die Grillsaison (76)**
  Fleischspieß auf Rosmarin | Champignonspieß | Gegrilltes Gemüse mit Tintenfisch

- **Pasta, amore mio (80)**
  Dim Sum mit Spinat-Mungobohnenkeime-Füllung | Bandnudeln mit Tomaten-Linsen-Sugo | Lasagnette mit Spargelspitzen | Selbst gemachte Ravioli | Cannelloni mit Paprika | Kräuter-Farfalle mit Gorgonzola | Nudeln mit Hühnchen

- **Deko-Ideen für den Sommer (86)**

Herbst

- **Einladung zur Einschulung (90)**
  Kuchenpyramide | Cupcakes mit Lollipop-Pralinen

- **Apfel-Picknick auf der grünen Wiese (94)**
  Apfelkuchen | Apfel-Zimt-Tarte | Apfel-Beignets | Trifle mit Mascarpone

- **Zauber der sanften Farben (98)**
  Kastaniensuppe mit Crème fraîche | Gemüsecremesuppe | Pilzcremesuppe | Kürbis-Apfel-Suppe mit Ingwer

- **Oktoberwonnen – Malerische Opulenz (102)**
  Waldpilztarte | Hirschsteak mit Schmarrn und Rotweinsoße | Wildschweinmedaillons mit Granatapfelsoße | Rehknödel mit Pfifferlingen

- **Wildes Geflügel – Festessen für den Herbst (106)**
  Gefülltes Perlhuhn | Wildentencurry | Gefüllte Wachteln auf Rosenkohl

- **Heißes für den Herbst (110)**
  Salat mit Sesamkürbis | Gebackene Kürbisspalten mit Rosmarin | Kürbisbrot mit Speck | Rindfleischtopf mit Maronen und Zimt | Gefüllter Kürbis | Kürbisrisotto

- **Deko-Ideen für den Herbst (116)**

Winter

- **Hereinspaziert zu Glühwein und Kuchen (120)**
  Glühwein mit Früchten | Glühweingrundrezept | Weißer Glühwein mit Orangenscheiben | Schokoladenkuchen mit Schokosoße | Englischer Toffee-Nuss-Pudding | Glühweinsterne | Christstollen

- **Rezepte vom Nikolaus (126)**
  Bratapfel mit Marzipan und Vanillesoße | Heißer Cranberrypunsch | Zimtsterne | Plätzchen in Handschuhform | Lebkuchen | Butterplätzchen

- **Aus Liebe zur Gastlichkeit (132)**
  Haselnusstörtchen | Weihnachtskuchen mit Nüssen und Kumquats | Walnussgugelhupf | Weihnachtliche Mohnrolle

- **Schwedische Weihnacht (136)**
  Schwedische Lachstarte | Kartoffelpuffer mit Flusskrebssalat | God-Jul-Brot | Traditionelles Rosinenbrot

- **Weihnachtsdinner – Geliebte Tradition & festlicher Genuss (140)**
  Frischlingsmedaillons mit Birnen | Fischfilet im Safran-Fenchel-Sud | Weihnachtliches Vanilleparfait | Schokokuchen mit Maronencreme

- **Weihnachten im Ferienhaus (146)**
  Haselnuss-Mokka-Pie mit Birnen | Chili-Walnuss-Cookies | Toffeekuchen mit Haselnüssen | Bratapfel mit Amarettifüllung

- **Prosit Neujahr – Bühne frei fürs neue Jahr (150)**
  Goldene Windbeutel | Sekt-Pfirsich-Cocktail | Champagner-Stieleis | Balsamico-Zwiebel-Tartelettes | Gegrillte Jakobsmuscheln mit Avocadodip

- **Deko-Ideen für den Winter (154)**

Vorwort (7)
Register (156)
Impressum, Bild- und Textnachweis (160)

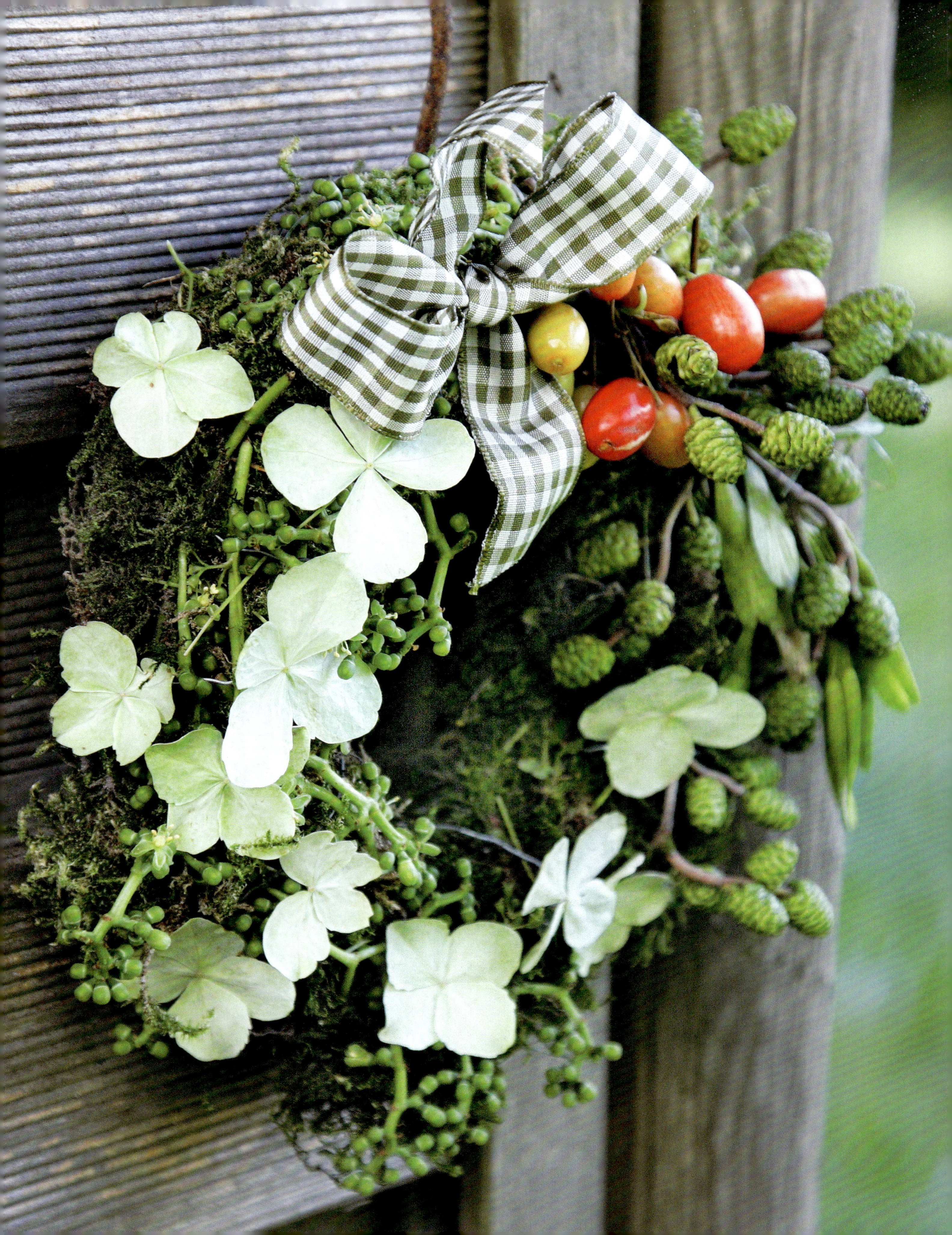

FÜR DIE GÄSTE ...

... nur das Beste! Wann immer Freunde oder Familie zu Besuch kommen, wollen wir sie kulinarisch verwöhnen. Von Valentinstag bis Weihnachten – Anlässe sind nicht schwer zu finden. Dafür haben wir aus „Wohnen & Garten" die schönsten Geschichten nach Jahreszeiten zusammengestellt.

Kräuter, Obst und Gemüse aus dem eigenen Garten oder aus der Region liefern die Grundlage für die saisonalen Gerichte. Da das Auge bekanntlich mit isst, soll auch eine stilvolle und thematisch passende Tischdekoration nicht zu kurz kommen. Die einzelnen Kapitel wurden dazu mit kleinen, feinen Anregungen gespickt, die ganz einfach nachzumachen sind. Materialien für die Arrangements liefert die Natur reichlich: Lassen Sie sich von Früchten, Blumen oder Zapfen inspirieren. Inszenieren Sie sie zusammen mit farblich passender Tischwäsche und stilvollem Geschirr. Gelegentlich verlegen wir sogar das Esszimmer nach draußen, unter einen blühenden Apfelbaum oder in den Park, machen die Rose, Königin der Blumen, zur Gastgeberin oder servieren den Punsch im Wintergarten.

Den Frühling zelebrieren wir als Hommage an das junge Maiengrün in Grün-Weiß, bitten Meister Lampe als Ehrengast zu Tisch oder laden eine fröhliche Gesellschaft zur festlichen Landhochzeit. Im Sommer unternehmen wir einen Abstecher in den Süden und widmen uns der Pasta, kochen aus den Schätzen, die der eigene Garten uns bietet, Konfitüren ein oder reichen fruchtige Cocktails als kühle Erfrischung. Der Herbst mit seiner opulenten Fülle verwöhnt Gourmets: Maronen, Kürbisse, Pilze und Wild haben nun Saison. Leuchtende Farben und heiße Gerichte wärmen Leib und Seele.

Feierlich wird es dann am Jahresende, wenn die Adventszeit naht. Jetzt wird das Familiensilber auf Hochglanz poliert und das gute Geschirr hervorgeholt. Mit einem spritzigen Silvesterempfang schließt sich der Kreis, das neue Jahr wird gebührend begrüßt.

Feiern Sie mit uns die Jahreszeiten, laden Sie liebe Menschen ein und genießen Sie das gesellige Beisammensein.

Frühling

Hommage an das junge Maiengrün

Kleines Bouquet
Blassrote Rosenblüten und persönliche Aufmerksamkeiten werden die Liebste entzücken. Alles ist bis in die ganz kleinsten Details aufeinander abgestimmt.

FRÜHSTÜCK MIT *Valentin*

Eigentlich ist der 14. Februar kein Tag, den man groß feiert – wir tun es trotzdem.

Kaum etwas hinterlässt schönere Erinnerungen als eine gut gelungene Überraschung. Wenn auch die Beschenkte heimlich darauf gehofft hat, so war zumindest die Art und Weise nicht abzusehen. Doch das Warten hat schon früh am Morgen ein Ende, wenn ein verführerischer Kaffeeduft durch die Räume zieht und Kerzen brennen. Leise Musik kann die Geräusche aus der Küche kaum übertönen und auf der Tagesdecke funkelt bereits feines Tafelsilber im Schein der Nachttischlampe. Dabei hatte sie sich doch nur für einen Moment ins Bad geschlichen! Nun ist das Bett für ein ganz besonderes Frühstück mit Herzen bedeckt. Es verwundert kaum, dass Rosenblüten ihr zartes Parfüm verbreiten. Weil rote Rosen am frühen Morgen etwas zu dramatisch wirken, ist es ein Strauß aus verschiedenen Farbtönen. Dazu hat er eigenhändig einen Kuchen zum Frühstück gebacken. Ein Liebesbeweis, denn leicht geht ihm die Arbeit mit dem Rührbesen nicht von der Hand. So viel Romantik macht Eindruck. Raffinierte Petits Fours und der Lieblingsbaumkuchen aus der Konditorei tun ihr Übriges. Eine schön arrangierte Schale offeriert dazu kleine Geschenke. Der kalte Februar mit Schneematsch und tief hängenden Wolken bleibt draußen vor der Tür, während die beiden den Vormittag in gemütlicher Zweisamkeit vorüberziehen lassen. Jetzt ist Zeit für romantische Geständnisse und ganz persönliche Geschichten. Ein Hoch auf die Liebe!

Fastnachtsboudoir
Im Ankleideraum warten
schon Zylinderhut und
Gamaschen auf ihren Einsatz.
Das zur Zierde aufgestellte
Einladungskärtchen erinnert
daran, sich auch gebührend
zu vermummen.

Maskenball *und* Mummenschanz

Mit humorvollen und facettenreichen Maskeraden feiern wir in dekorativen Stillleben die ausgelassene, fröhliche Stimmung der 5. Jahreszeit.

Der harsche, grimmige Winter wird zur Fastnachtszeit auf die Schippe genommen und mit überschäumender Heiterkeit konfrontiert. Was für ein Treiben überall, und bestimmt schaut der ein oder andere Spross an Baum oder Strauch neugierig zu und fühlt sich geneigt, etwas früher als gewohnt zu erscheinen.

Jetzt, wo draußen nur langsam erstes Grün und vereinzelte Farben sich zeigen, ist genau die richtige Zeit, um eine Dekoration in bunten Tönen zu kreieren, bei denen man sonst Zurückhaltung üben würde. Aber die karnevaleske Blütenpracht besticht mit ansteckender Heiterkeit und bald schon ertappt man sich dabei, alte Buchseiten als Konfetti zu lochen und Papierstreifen zu Luftschlangen zu drehen. Historische Kopfbedeckungen und antike Kleidungsstücke haben jetzt Hochkonjunktur und werden malerisch lässig über Stühle gehängt oder auf Tischen drapiert, beinahe so, als würde jeden Moment jemand nach ihnen greifen, um auf den Maskenball zu gehen.

Verspielt
Selbst der Tee vor dem Ball wird in der verspielt barocken Tasse kredenzt. Antikes Silberbesteck sorgt für den richtigen Glanz.

Romantisch
Nostalgische Motive inspirieren zu Parodien auf charmante Herzensbrecher und kokette Grazien. Die fantasievolle Wohnungsdekoration verleiht dem bunten Treiben auch eine verträumte Note, die den ausgelassenen Übermut wunderbar ergänzt.

Couragiert
Das Dreigestirn aus Freesien, Ranunkeln und Tulpen bietet eine gelungene Kombination und erstaunt den, der nicht auf die Idee kommt, Rosa mit Gelb zu verbandeln. Die Farbprotagonisten harmonieren in diesen Nuancen jedoch überraschend gut.

„Löblich wird ein tolles Streben, wenn es kurz ist und mit Sinn", schrieb Goethe über die Fastnachtszeit.

Frühling

Verführerisch
Hier wurde der Chocolatier sicherlich von den hauchzarten Nuancen der Freesie inspiriert. Die Kreationen in Pastellbunt passen ausgezeichnet zum frühlingshaften Blumenschmuck.

Farbenfrohsinn

Schimmernd
beschützen gravierte Gläser Kerzen und Blüten von Schneeball und Christophskraut. Da die Windlichter und Vasen durchsichtig sind, gewähren sie einen Blick auf die Blätter der Pflanzen.

FRÜHLINGS *poesie*

Blätter in hellem Grün und filigrane Blüten in Weiß – der Mai erscheint in einem so edlen Gewand, dass er zum Genießen anregt: kulinarisch und in poetischen Bildern.

„Ich wusste nicht, wie mir geschah, und wie das wurde, was ich sah", schrieb Friedrich Freiherr von Hardenberg unter seinem Dichternamen Novalis vor etwa 200 Jahren über das Wunder des Frühlings. Als Lyriker der Romantik versuchte er die Geheimnisse der Natur in Worte zu fassen, natürlich auch das Erwachen der Landschaft nach der Winterruhe. Vielleicht unternahm er kurz vor dem Verfassen des Gedichts einen Spaziergang durch einen nahe gelegenen Buchenwald. Und vielleicht entdeckte er unterwegs einige Waldmeister-Pflanzen, an die er sich erinnerte, als er formulierte: „Tagtäglich sah ich neue Kräuter, mild war die Luft, der Himmel heiter."

Die sternförmig angeordneten Blätter des Waldmeisters und der frische Duft sind sinnbildlich für den Zauber der frühen Jahreszeit. Die weißen Blüten erinnern an die Flocken vergangener Wochen, der aromatische Geruch und das lichte Grün erwecken die Vorfreude auf die kommenden Monate. Wie ein Abschiedsgruß des Winters erscheinen auch die runden Dolden des Schneeballs. Als hätten sich Eiskristalle – beim winterlichen Spiel zur Kugel geformt – in Zweigen verfangen, um mit der ersten Frühlingssonne Blüten zu werden: „Ich wusste nicht, wie mir geschah, und wie das wurde, was ich sah." Ob Novalis einen Strauß Waldmeister von seinem Spaziergang mitbrachte, damit er den Duft auch an seinem Schreibtisch genießen konnte? Vielleicht wusste er, dass die Pflanze ihr Aroma besonders intensiv verbreitet, wenn sie leicht angetrocknet wird. Mischte er sie mit Wein zu einer Maibowle, wie sie schon seit Jahrhunderten getrunken wird? Feierte er womöglich mit Freunden ein Fest auf die warmen Tage? Doch das sind alles nur Vermutungen.

Gewiss ist nur, dass Novalis ein sehnsüchtiges Gedicht über den Frühling schrieb. Und gewiss ist auch, dass der Mai einst wie heute die Menschen zum Schwärmen anregt.

Frühling

SPRITZIGER MOJITO

Zutaten für 1 Drink:

¼ Limette, in dünne Scheiben geschnitten
2 TL Rohrzucker
6 Minzeblätter
6 cl weißer Rum
5 – 6 Eiswürfel
Mineralwasser

Zum Garnieren:
1 Minzezweig

Zubereitung: Die Limettenscheiben und den Zucker mit den Minzeblättern in das Glas geben. Mit einem Stößel etwas zerdrücken. Rum und Eiswürfel dazugeben. Mit Mineralwasser auffüllen und kurz verrühren. Mit Minze garniert servieren.

MAIBOWLE

Zutaten für etwa 15 Gläser à 150 ml:

½ Bd. Waldmeister ohne Blüten (vor der Blüte sammeln, dann ist der Cumaringehalt niedriger)
2 EL Zucker
1,5 l Weißwein
1 unbehandelte Limette
1 Flasche Sekt (0,7 l)

Zubereitung: Den Waldmeister abbrausen, trocken schütteln und leicht antrocknen lassen. Zum Sträußchen binden und in ein Bowlengefäß geben. Zucker hinzufügen und mit dem Weißwein übergießen. Die Limette heiß abbrausen und trocken reiben. Die Schale abreiben und den Saft auspressen. Beides zum Waldmeister in das Bowlengefäß geben. Etwa 20 Min. ziehen lassen. Das Waldmeistersträußchen entfernen. Die Bowle nach Wunsch mit weiterem Zucker süßen. Den gut gekühlten Sekt vorsichtig angießen und die Bowle sofort servieren.

ZITRONENTÖRTCHEN

Zutaten für 8 Törtchen von 6 cm Ø:

Für den Teig:
200 g Mehl
75 g Zucker
1 Prise Salz
125 g kalte Butter
1 Ei

Für den Belag:
5 Eier
100 g feinster Zucker
100 ml Zitronensaft
100 g Crème double

Zubereitung: Das Mehl auf die Arbeitsfläche häufeln, mit Zucker und Salz mischen und in die Mitte des Mehls eine Mulde drücken. Die kalte Butter in kleine Stücke schneiden, um die Mulde herum verteilen, das Ei in die Mitte geben und sämtliche Zutaten mit dem Messer gut durchhacken, sodass kleine Teigkrümel entstehen. Mit den Händen rasch zu einem Teig verkneten, zu einer Kugel formen, in Frischhaltefolie wickeln und ca. 30 Min. kühl stellen. Den Backofen auf 180 Grad Ober-/Unterhitze vorheizen. Den Mürbeteig auf einer bemehlten Arbeitsfläche dünn ausrollen, 8 Kreise ausschneiden und 8 gefettete Tarteletteförmchen damit auskleiden. Im vorgeheizten Backofen ca. 10 Min. vorbacken. Die Förmchen herausnehmen, den Backofen auf 140 Grad Ober-/Unterhitze zurückschalten. Die Eier mit dem Zucker über einem heißen, nicht kochenden Wasserbad cremig aufschlagen. Zitronensaft und Crème double unterrühren. Die Zitronencreme in die vorgebackenen Förmchen füllen und weitere 15 – 20 Min. backen, bis sie fest sind. Die Zitronentörtchen auskühlen lassen, aus den Förmchen nehmen und mit einer getrockneten Zitronenscheibe garniert servieren.

FRISCHKÄSE-ZUCCHINI-LASAGNE

Zutaten für 4 Personen:

10 – 12 Lasagneplatten
Olivenöl zum Beträufeln
3 mittelgroße Zucchini
60 g gemischte Kräuter
(z. B. Petersilie, Schnittlauch,
Dill, Basilikum, Minze)
2 Knoblauchzehen
400 g Frischkäse pur
200 g Sauerrahm (10 %)
Salz, Pfeffer aus der Mühle
Minzeblätter zum Garnieren

Zubereitung: Die Lasagneplatten in reichlich kochendem Salzwasser bissfest kochen, einzeln aus dem Wasser heben, abtropfen und nebeneinanderliegend auf Folie abkühlen lassen. Mit etwas Olivenöl beträufeln. Zucchini waschen, die Enden entfernen und der Länge nach in dünne Scheiben hobeln. 1 Min. im kochenden Salzwasser blanchieren und eiskalt abschrecken. Gut abtropfen lassen. Die Kräuter waschen, trocken schütteln und fein hacken. Den Knoblauch abziehen und ebenfalls fein hacken. Frischkäse zusammen mit dem Sauerrahm verrühren, salzen, pfeffern und die Kräuter mit dem Knoblauch untermischen. Würzig abschmecken. Zum Anrichten 2 – 3 Lasagneplatten leicht überlappend der Breite nach auf eine Platte legen, mit Frischkäse bestreichen und die Zucchini schuppenartig auf den Frischkäse geben. Den Vorgang so oft wiederholen, bis alle Zutaten aufgebraucht sind. Mit Zucchini abschließen. Mit Minze garniert servieren.

KRÄUTERQUARK

Zutaten für 1 Portion:

250 g Quark
4 EL Joghurt
2 EL Sahne
4 EL frische Kräuter
(z. B. Schnittlauch, Dill,
Petersilie, Kresse)
Salz und Pfeffer aus der Mühle

Zubereitung: Den Quark zusammen mit Joghurt und Sahne in eine Schüssel geben und mit dem Schneebesen cremig rühren. Die Kräuter fein schneiden und mit dem Quark vermischen. Mit Salz und Pfeffer würzen. Schmeckt köstlich zu frischem Brot oder als Rohkost-Dip.

Endlich ist die Schule aus!
Schelmische Scherenschnitte und Porzellanfiguren tummeln sich zwischen Büchern, antiken Holzaccessoires und auf Porzellan. Ein Tulpenstrauß, edles Band und einige Ostereier nehmen den Kontrasten die Strenge.

Osterideen
AUS DER HASENSCHULE

Schwarz-weiße Oster-Impressionen verbinden sich mit bunten Frühlingsblüten zu fantasievollen Stillleben für Tisch und Tafel.

Würdevolle weiße Porzellanhasen, schwarze und filigrane Scherenschnitte – eine Kombination, die farblich und von ihrer Stimmung her unterschiedlicher nicht sein könnte, und doch so wundervoll harmoniert, wenn rundherum üppige Tulpen, kugelige Ranunkeln und Hornveilchen blühen und duften. Der Reiz des Spiels liegt zunächst einmal in der Auswahl: Sind die Statisten und Accessoires edel und charismatisch, dann ist es das Arrangement, das die Ausstrahlung noch um ein Vielfaches verstärkt. Schwarz und Weiß ist das Thema des Stückes, die Hauptdarsteller sind alle sorgfältig ausgewählt, und nun geht es an die Inszenierung, bei der alle am richtigen Platz sein sollen, um den Betrachter in ihren Bann zu ziehen und zu verzaubern. Das Reizvolle an den Figuren ist, dass sie sich nicht ganz preisgeben. Es umgibt sie ein Hauch von Geheimnis. Ebenso wie unsere Seezungenröllchen mit ihrer überraschend fruchtigen Füllung. Spätestens bei der zart schmelzenden Dessertcreme werden Ihre Gäste an Komplimenten über Ihre fantasievollen Kreationen nicht sparen.

SEEZUNGENRÖLLCHEN IN FEIGEN-TRAUBEN-SOSSE

Zutaten für 4 Personen:
4 Seezungenfilets
2 – 3 reife Feigen
250 g blaue Trauben
2 EL Butterschmalz
Salz, Pfeffer

Für die Soße:
30 g Butter
1 kleine Zwiebel, gerieben
1 Knoblauchzehe in feinen Scheiben
30 g Mehl
100 ml Weißwein
100 ml Gemüsebrühe
100 ml Milch
200 ml Sahne
Salz
1 Eigelb zum Legieren

Zubereitung: Die Trauben waschen, halbieren und entkernen. Die Feigen waschen, eine in Würfel schneiden, die restlichen halbieren. Fischfilets mit den Feigenstückchen und einigen Traubenhälften belegen, würzen und eng aufrollen, mit Küchengarn binden. In heißem Butterschmalz rundherum goldgelb anbraten. In eine Auflaufform geben, mit Alufolie abdecken und im Ofen bei 100 Grad ca. 15 Min. gar ziehen lassen. Für die Soße geriebene Zwiebel und Knoblauch in Butter andünsten. Mehl einrühren und eine helle Mehlschwitze herstellen. Wein und Gemüsebrühe dazugeben. Die Soße aufkochen, nach Belieben würzen und mit dem Eigelb legieren. Die restlichen Trauben zugeben und in der Soße erwärmen. Soße über die Seezungenröllchen geben und mit Feigenhälften garniert servieren.

JAKOBSMUSCHELN MIT CHAMPIGNONS

Zutaten für 4 Personen:
400 g Jakobsmuscheln, TK, küchenfertig
2 – 3 EL Butterschmalz
500 g Champignons
1 kleine Zwiebel, gehackt
3 Stängel Petersilie
Salz, Pfeffer
50 g Frischkäse, Doppelrahmstufe
200 g Sahne

Zubereitung: Die aufgetauten Jakobsmuscheln abspülen, abtropfen und trocken tupfen. 2 EL Butterschmalz in einer Pfanne erhitzen und die Muscheln bei geringer Hitze unter einmaligem Wenden in ca. 4 – 5 Min. goldbraun braten. Gleichzeitig die Pilze mit Küchenkrepp abreiben, putzen und in Scheiben schneiden. Jakobsmuscheln aus der Pfanne nehmen, auf einen Teller geben und im Ofen bei 80 Grad warm halten. Gegebenenfalls 1 EL Butterschmalz zum restlichen Bratfett geben und die Zwiebel zusammen mit den Pilzen darin andünsten. Unter Rühren 5 Min. garen, dann den Frischkäse und die Sahne einrühren. Mit Salz und Pfeffer abschmecken und 1 Min. köcheln lassen, Temperatur zurückschalten. Die Jakobsmuscheln zugeben und 1 – 2 Min. bei niedrigster Temperatur ziehen lassen. Die Petersilie waschen, hacken und untermengen. Alles in 4 vorgewärmte Schälchen füllen und mit Pfeffer bestreut servieren.

SÜSSE OSTERHASEN

Zutaten für 16 – 20 Stück:

Hefeteig:
500 g Mehl
½ Würfel Hefe
ca. 280 ml lauwarme Milch
100 g Zucker
50 g weiche Butter
1 Prise Salz

Zum Verzieren:
1 Eigelb
50 ml Milch
Kürbiskerne
Spaghetti ungekocht

Zubereitung: Hefe in der Milch glatt rühren und zusammen mit allen anderen Zutaten in eine Rührschüssel geben. Mit dem Handrührgerät gründlich verkneten. Dann an einem warmen Ort 30 Min. gehen lassen. Teig auf bemehlter Arbeitsfläche zusammenkneten und zu einer 1 cm dicken Fläche auswellen. Kleine Häschen ausstechen. Auf ein mit Backpapier belegtes Backblech geben, als Auge einen Kürbiskern hineindrücken und als Schnurrhaare kurze Spaghettistücke nehmen. Milch mit Eigelb verquirlen und die Häschen dünn bestreichen.

Im vorgeheizten Ofen bei 180 Grad ca. 10 Min. backen. Die kleinen Häschen aus dem Ofen nehmen und auf einem Kuchengitter auskühlen lassen.

SCHOKOLADENCREME MIT HIMBEEREN

Zutaten für 6 Personen:

150 g Zartbitterschokolade
1 Tässchen starker Espresso
3 Eier
30 g Vanillezucker
125 ml gekühlte Sahne
2 EL Zucker

Außerdem:
300 g Himbeeren
geraspelte weiße und dunkle Schokolade

Zubereitung: Zerkleinerte Schokolade zusammen mit dem Espresso im Wasserbad schmelzen, vom Herd nehmen. Eier trennen, Eigelbe mit dem Vanillezucker im heißen Wasserbad dickschaumig schlagen, bis sich der Vanillezucker aufgelöst hat. Die gut gekühlte Sahne steif schlagen, ebenso die Eiweiße mit dem Zucker. Eigelbmasse zu der Schokolade geben und mit dem Schneebesen unterrühren. Geschlagene Sahne auf die Schokomasse setzen und mit dem Schneebesen rasch untermischen, anschließend den Eischnee vorsichtig unterziehen.

Himbeeren verlesen, in Dessertschalen verteilen (einige zum Garnieren zurückhalten) und die Mousse darübergeben. Bis zum Servieren kalt stellen. Nach Belieben mit Himbeeren garnieren und mit geraspelter weißer und dunkler Schokolade bestreuen.

Blütenrausch
Es tafelt sich gut im Grünen! Eine üppige Wiese mit Narzissen ist die blühende Kulisse für den Ostertisch. Amphoren mit Buchs rahmen den Essplatz vor dem historischen Teepavillon.

LÄNDLICHE IDYLLE ZUM FEST

Osterfreuden

Die neu erwachte Lebenslust zeigt sich im blühenden Garten. Eine romantische Szenerie empfängt Freunde und Familie beim traditionellen Brunch mit stilvollen Accessoires und köstlichen Kreationen in der Morgensonne!

Der Osterausflug führt vorbei an weiten Narzissenfeldern bis zum kleinen Teepavillon am Rande des Parks. Hier auf der grünen Wiese, wo die luftigen Roben der Tulpen von der neu erwachten Lebenslust künden, wartet eine hinreißende Überraschung auf die Spaziergänger: eine Gartentafel, festlich für ein spätes Morgenmahl gedeckt. Links und rechts erheben sich Amphoren mit Buchsbaum in die laue Luft. Es duftet herrlich, verheißungsvoll und berauschend zugleich. Voller Vorfreude lässt sich die Gartengesellschaft auf den eisernen Stühlen nieder. Verspielte Tischaccessoires gibt es auf der strahlend gelben Tischdecke zu entdecken. Dichternarzissen schmücken locker verteilt Servietten und den traditionellen Hefekranz. Gewitzte Langohren aus Porzellan begrüßen die Gäste an der Tafel zwischen gesprenkelten Wachteleiern. Nostalgisch inspirierte Vögel und Schmetterlinge flattern durch einen verwunschenen Zauberwald auf französischem Geschirr. Dazu funkeln moosgrüne Muranogläser und edle Silberaccessoires im hellen Sonnenlicht. Voller Frische und Leichtigkeit geben sich auch die österlichen Kreationen, die wenige Augenblicke später von der strahlenden Gastgeberin aufgetragen werden. Sie hat sich charmant um den Ausflug gedrückt und unterdessen – mit eingeweihten Helfern – heimlich, still und leise alles vorbereitet: ein frisches Süppchen mit jungen Kräutern und Gänseblümchen sowie luftige Struwen, Küchlein aus Hefeteig, mit Ziegenkäse und jungem Spinat. Dazu gibt es Safraneiner mit drei unterschiedlichen Soßen in den Variationen Paprika, Blauschimmel und Spinat. Und als „Wanderproviant" für jeden Gast eine kleine Bügelflasche mit selbst gemachtem Eierlikör.

SAFRANEIER MIT DREI SOSSEN

Zutaten für 6 Personen:

Für die Safraneier:
10 Hühnereier
10 Wachteleier
1 Döschen Safran

Für die Paprikasoße:
1 Glas Tomatenpaprika
1 kleine Chilischote
1 Knoblauchzehe
3 EL saure Sahne
1 EL Öl
Salz, Pfeffer aus der Mühle

Für die Spinatsoße:
100 g frischer Spinat
1 Schalotte
1 TL Öl
1 Becher Crème fraîche mit Kräutern
Salz, Pfeffer

Für die Käsesoße:
200 g Blauschimmelkäse
100 g Sahne
etwas Milch, Salz, Pfeffer

Zubereitung Eier: Safran in ca. 1,5 – 2 l Wasser erwärmen. Hühnereier in einem extra Topf ca. 5 Min. kochen, aus dem kochenden Wasser nehmen, die Schale anklopfen und Eier in das Safranwasser geben, dieses nochmals ca. 1 Min. aufkochen, die Eier herausnehmen und abtropfen lassen. Mit den Wachteleiern ebenso verfahren, nur müssen diese, bevor sie angeklopft werden, 7–8 Min. kochen. Die gut abgetropften und abgekühlten Eier vorsichtig schälen.

Zubereitung Paprikasoße: Tomatenpaprika gut abtropfen lassen, grob zerkleinern. Chilischote waschen, längs aufschneiden, entkernen, die weiße Innenhaut entfernen und fein würfeln. Mit den übrigen Zutaten in einen Mixer geben, gut pürieren und abschmecken.

Zubereitung Spinatsoße: Die Schalotte schälen, fein hacken, in Öl andünsten. Den gewaschenen Spinat zugeben und dünsten, bis er zusammenfällt. Crème fraîche zufügen, alles gut pürieren und abschmecken.

Zubereitung Käsesoße: Vom Blauschimmelkäse sparsam die Haut entfernen und den Käse mit der Sahne pürieren, so viel Milch zugeben, dass eine cremige Masse entsteht. Mit Salz und Pfeffer abschmecken. Die Eier zusammen mit den Soßen auf einer Platte anrichten und servieren.

KRÄUTERSÜPPCHEN

Zutaten für 6 Personen:

250 g weiße Teile von Frühlingszwiebeln
4 EL Butter
4 EL Mehl
750 ml Geflügelfond
200 ml Sahne
Salz, Pfeffer aus der Mühle
150 g Crème fraîche
1 Bd. Petersilie
1 Kästchen Kresse
1 Handvoll Gänseblümchen

Zubereitung: Die Frühlingszwiebeln waschen, in grobe Ringe schneiden und in einem großen Topf in der Butter weich dünsten. Das Mehl darüberstäuben und gut anschwitzen lassen, mit Geflügelfond ablöschen und unter ständigem Rühren köcheln lassen. Nach und nach die Sahne zugeben, weiterrühren und noch etwa 5 Min. weiterköcheln lassen. Vom Herd ziehen und mit dem Zauberstab gut durchmixen. Crème fraîche unterrühren. Mit Salz und Pfeffer abschmecken. Die Kräuter waschen und trocken schütteln. Petersilie fein wiegen. Kresse mit der Schere abschneiden. Suppe in Tassen füllen, mit Petersilie und Kresse bestreuen und mit Gänseblümchen dekorieren.

STRUWEN MIT ZIEGENKÄSE UND SPINAT

Zutaten für 4 Personen:

Für die Struwen:
500 g Mehl
3 Eier
⅜ l Milch
40 g Hefe
1 EL Zucker
30 g Butter
1 Prise Salz
ca. 125 g Rosinen
Butterschmalz zum Braten

Für den Ziegenkäse:
100 g Spinat
50 g grob gehackte Haselnüsse
1 Rolle Ziegenkäse
1 EL Honig
2 EL weißer Balsamico
1 TL Öl
Salz, Pfeffer

Zubereitung: Die Hefe mit etwas lauwarmer Milch anrühren. Mehl in eine Schüssel geben und mit der Hefemilch anrühren, 15 Min. gehen lassen. Danach die übrigen Zutaten hinzufügen und den Teig geschmeidig rühren. Ca. 1 Std. gehen lassen. Kleine Teigportionen abnehmen, Kugeln formen und leicht flach drücken, in einer Pfanne in Butterschmalz kleine Kuchen braten. Die Nüsse in einer Pfanne ohne Fett rösten. Aus Honig, Öl und Balsamico eine Vinaigrette herstellen, mit Salz und Pfeffer würzen. Den Ziegenkäse in dünne Scheiben schneiden, marinieren. Den Spinat waschen und trocken schütteln. Die Struwen gemeinsam mit dem Spinat, den Nüssen und dem eingelegten Käse auf Tellern anrichten und noch warm servieren.

Ganz im Zeichen des Frühlings stehen unsere blumigen Kreationen für die bevorstehenden Feiertage.

Kein Ei gleicht dem anderen
– denn diese farbenfrohen Modelle (links) wurden aus floralen Stoffresten ausgeschnitten und mit Hanfflies auf Baumwollservietten gebügelt. Passende Karobänder machen die Applikationen zu hübschen Hinguckern auf dem Tisch. Die Hasenanhänger aus Modelliermasse scheinen ebenfalls im Blütenrausch zu sein.

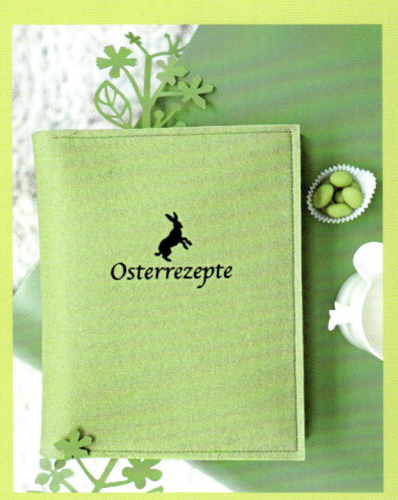

Griffbereit im Frühlingskleid
Süße Kekse, Hefekranz, Osterlamm – die Lieblingsrezepte für feines Gebäck benötigen ein eigens dafür vorgesehenes Büchlein. Eine fix genähte Hülle aus grünem Filz schützt das Nachschlagewerk und sieht, mit einem dekorativen Hasen versehen, darüber hinaus hübsch aus.

Frühling

Ein Topf voller weißer Muscari
eignet sich hervorragend als warmes Nest. Mit weichen Federn ausgelegt, beherbergt es in seiner Mitte den fast unscheinbaren Schatz. Eine locker um das Behältnis drapierte Stoffserviette im frischen Karo-Look und Zuckereier ergänzen das gelungene Arrangement, das wie ein lieber Gruß an das innig herbeigesehnte Frühjahr wirkt.

In trauter Runde
Neugierig beäugt von schneeweißen Traubenhyazinthen thront ein hübsch mit Feder und Spitze herausgeputztes Gänseei in einem Metallkörbchen. Fast scheint es, dass es noch gar nicht so schnell entdeckt werden möchte.

Einem erlesenen Kleinod
gleicht das mit einem goldenen Band und passendem Zierknopf herausgeputzte Ei. Auf flauschigen Federn in zwei Muffinförmchen gebettet, bezaubert es – gleich zu mehreren – als festlicher Tafelschmuck. Tipp: Bänder und Knöpfe kann man nach Belieben variieren.

HEFEKRANZ

Zutaten für 1 Hefekranz:

500 g Mehl
1 Tütchen Trockenhefe
60 g Zucker
¼ l lauwarme Milch
1 Prise Salz
abgeriebene Schale von
1 Bio-Zitrone
1 Ei
5 Eier zum Backen
60 g weiche Butter
1 Eigelb
1 EL Milch
Hagelzucker und Mandelsplitter zum Bestreuen
5 hart gekochte Eier

Zubereitung: Aus Mehl, Hefe, Zucker, Milch, 1 Ei, Salz und Zitronenschale einen Hefeteig kneten und etwa 30 Min. zugedeckt ruhen lassen. Nochmals durchkneten und in drei Teile teilen. Jedes Stück zu einem 60 cm langen Strang rollen. Stränge an den Enden zusammendrücken, einen lockeren Zopf flechten und zu einem Kreis schließen. Auf ein gefettetes Backblech legen und nochmals 30 Min. gehen lassen. Backofen auf 200 Grad vorheizen. Eigelb mit 1 EL Milch verquirlen und den Hefekranz damit bepinseln. 5 rohe Eier zum Backen in den Teig drücken. Mit Mandelsplittern und Hagelzucker bestreuen. Nach dem Backen die Eier durch weiße, hart gekochte Eier austauschen und die Backeier z. B. für Eiersalat oder für Safraneier verwenden. Den Kranz mit Narzissen dekorieren.

HEFETEIG-OSTERKRANZ MIT MANDELN UND ROSINEN

Zutaten für 1 Hefekranz:

200 ml warme Milch
20 g Hefe
500 g Mehl
80 g Zucker
100 g fettfrei geröstete Mandeln
100 g Rosinen
1 Pck. Vanillezucker
80 g weiche Butter
100 g Mandeln
40 g Honig
1 EL Sahne
50 g Butter

Zubereitung: Hefe in Milch mit 1 TL Zucker auflösen. Mehl, Mandeln, Rosinen, Butter und Vanillezucker mit einem Knethaken einrühren. Teig in drei Stücke teilen. Zu 70 cm langen Strängen ausrollen und zum Zopf flechten. Auf ein gefettetes Backblech legen, zu einem Kranz verbinden und zugedeckt 30 Min. an einem warmen Ort gehen lassen. Dann im vorgeheizten Ofen bei 180 Grad ca. 30 Min. backen.

Glasur: Honig mit Mandeln, Sahne und Butter kochen, bis die Masse hellbraun wird. Den Kranz 10 Min. vor dem Ende der Backzeit bestreichen.

EIERLIKÖR IM MOOSNEST

Zutaten für 3 Flaschen à 0,5 l:

250 g Zucker
400 ml Milch
150 ml Sahne
Mark von ½ Vanilleschote
7 Eigelb (von sehr frischen Bio-Eiern)
250 ml weißer Rum

Zubereitung: Milch, Sahne, die Hälfte des Zuckers und Vanillemark unter gelegentlichem Rühren aufkochen. Den restlichen Zucker mit dem Eigelb überm heißen Wasserbad schaumig aufschlagen. Die Milch etwas abkühlen lassen, langsam auf die Schaummasse gießen und kräftig unterschlagen. Anschließend durch ein feines Sieb gießen. Etwas abkühlen lassen. Die Eiercreme im Mixer auf höchster Stufe schlagen und dabei den Rum langsam einfließen lassen. Flaschen füllen, gut verschließen, abkühlen lassen. Kühl und dunkel lagern, bald verbrauchen. Zum Servieren oder Verschenken auf eine Platte mit Moos legen.

Wo alles begann
Pierre küsst Marie, seine Braut. Soeben haben sie geheiratet. Der schönste Tag ihres Lebens ist noch jung. Auf sie wartet die festlich gedeckte Tafel unter freiem Himmel. Und eine Feier im Grünen, an die sie und ihre Gäste sich immer gern erinnern werden.

EINE FRÖHLICHE
Landhochzeit

Hier wird die Hochzeit garantiert zum schönsten Tag des Lebens: im „Moulin Brégeon" im französischen Linières Bouton. Die Welt versinkt rund um die alte Mühle – in weiten Wiesen, zwischen hohen Bäumen und duftenden Blumen.

Die Kapelle liegt irgendwo hinter den Bäumen im nächsten Dorf. Hell fliegt der Klang ihrer Glocke über das ebene Land. Ein leichter Wind streicht über die tausendfach blühende Wiese. Leise rauscht es in den Pappeln, die sich hoch hinauf recken in ein geklärtes Blau. Es ist so weit: Der Gottesdienst beginnt. Somit bleibt noch ein wenig Zeit für die letzten Vorbereitungen rund um die kleine Mühle, wo später die Hochzeitsfeier stattfinden soll.

Dort in der Kapelle heiraten Pierre und Marie. Vermutlich sitzen hinter ihnen in luftigen Reihen nur wenige Freunde und Verwandte. Es hätten mehr sein können, schließlich zählen ihre Familien zu den größeren. Doch sie haben sich ganz bewusst für einen kleinen Kreis entschieden. Keine Hektik, kein Restaurant und keine Sitzordnung, die nur ein Heer säuberlich beschrifteter Platzkärtchen überschaubar gemacht hätte. Beide wollten draußen sein. Mit ihren „Engsten", wie sie uns nennen. Weil wir – wie sie – ein gutes Essen zu schätzen wissen, einen guten Wein und Gespräche. Und weil wir auch mal schweigend dasitzen können, um den Zikaden zu lauschen oder den Sternenhimmel zu bestaunen. In der Küche rührt, dünstet und flambiert Florence. Marie und Pierre wollten es so. Florence ebenfalls. Es wäre ihr auch nicht beizubringen gewesen, dass jemand anderes an diesem Tag hätte kochen sollen. Sie war in den vergangenen Jahren die Leibköchin von Pierre und Marie geworden. Am Herd ist Florence so unanfechtbar wie eigenwillig.

Der Tisch ist gedeckt. Die Kristallgläser funkeln in der weichen Vormittagssonne. Den ganzen Morgen hat es gedauert, Gläser und Besteck zu polieren. Nun ist alles an seinem Platz. Zehn Gedecke: für die acht Engsten, Pierre und Marie. Die Blätter der Pappeln hängen mit einem Mal regungslos an ihren Ästen.

Dann verstummen sogar Florence und ihre Töpfe. Die Natur scheint sich den Zeigefinger auf den Mund zu legen. Kein Laut. Als hätte sie nur auf dieses Publikum gewartet, schickt die Glocke der Kapelle ihren hellen Ton plötzlich erneut über das Land. Sie haben geheiratet. Sie kommen. Das Fest beginnt.

Frühling

FRANZÖSISCHE HOCHZEITSTORTE

Zutaten für 1 Kuchen, ca. 22 cm Ø, 40 cm Höhe:

Für den Brandteig:
200 ml Milch
150 g Butter
200 g Mehl (Weizenmehl)
½ TL Salz
6 Eier

Für die Creme:
1 ½ l Milch
3 Vanilleschoten
150 g Weizenmehl
75 g Stärkemehl
15 Eigelb
350 g Zucker
30 g Butter

Für den Karamell:
600 g Zucker

Für die Dekoration:
frische Früchte, z. B. Erdbeeren, Johannisbeeren
Mandel-Dragees

Zubereitung: : Für den Brandteig 250 ml Wasser mit der Milch und Butter vorsichtig in einem großem Topf erhitzen. Das Mehl und Salz hineinsieben, Temperatur zurückschalten, mit einem Holzlöffel ständig rühren, bis der Teig das gesamte Wasser aufgenommen hat und sich leicht vom Topf löst (weißer Film am Topfboden). Vom Herd nehmen und abkühlen lassen.

Die Eier einzeln nacheinander unter den Teig rühren, bis der Teig glatt und glänzend ist. Den Backofen auf 200 Grad (Ober-/Unterhitze) vorheizen. Teelöffelgroße Teigbälle auf ein mit Backpapier belegtes Backblech setzen und ca. 25 Min. im vorgeheizten Ofen backen. Herausnehmen und die Bälle mit einem Messer anstechen, damit der Dampf entweichen kann und die Bälle nicht aufweichen.

Für die Creme die Milch mit den längs aufgeschnittenen Vanilleschoten in einem Topf zum Kochen bringen. Das Weizen- und Stärkemehl mit etwas kaltem Wasser anrühren und zugeben, zügig unterrühren und einmal aufkochen lassen. Vom Herd nehmen und abkühlen lassen. Eigelb mit Zucker cremig schlagen und den abgekühlten Vanillepudding untermengen und unter ständigem Rühren erhitzen, nicht kochen! Vom Herd nehmen und die Butter unterrühren. Mit Pergamentpapier abdecken, damit sich keine Haut bildet. Abkühlen lassen und die Bälle mithilfe eines Spritzbeutels mit der Tortencreme füllen.

Für das Zusammensetzen der Bällchen den Zucker bei mittlerer Hitze in 400 ml Wasser auflösen und köcheln lassen, bis er goldbraun ist. Die Hitze auf niedrigste Stufe stellen, damit das Gemisch flüssig bleibt. Die Bälle nacheinander eintauchen und kegelförmig auf einem Teller anordnen. Mit Früchten und Dragees dekorieren.

WEISSE HOCHZEITSTORTE

Zutaten für 1 Torte, 3 Böden mit 28, 22 und 12 cm Ø:

Für den Biskuit:
7 Eier
350 g Zucker
1 Pck. Vanillezucker
350 g Mehl
2 TL Backpulver

Für die Füllung:
8 Blatt weiße Gelatine
4 EL Zitronensaft
1 EL abgeriebene Zitronenschale
70 g Zucker
700 ml Sahne, mind. 30 % Fettgehalt
60 ml Orangenlikör

Außerdem:
2 kg Fondant
1 Eiweiß
ca. 400 g Puderzucker
ca. 16 Rosenblüten

Zubereitung: Den Boden der Formen mit Backpapier belegen (2 runde Springformen mit 28 und 22 cm Durchmesser und eine kleine Springform mit 12 cm). Den Backofen auf 180 Grad (Umluft) vorheizen. Die Eier trennen. Die Eigelbe mit 50 ml Wasser, Zucker und Vanillezucker schaumig schlagen. Die Eiweiße steif schlagen und auf die Eigelbmasse geben.

Das Mehl mit dem Backpulver mischen, darübersieben und alles vorsichtig unterheben. Den Teig in die Formen geben (jeweils bis zur Hälfte der Randhöhe füllen) und glatt streichen. Den mittleren und kleineren Kuchen ca. 25 – 30 Min. backen, den großen ca. 35 – 40 Min. (Stäbchenprobe machen!).

Die Biskuits aus der Form lösen und gut auskühlen lassen. Die Gelatine in kaltem Wasser einweichen. Den Zitronensaft und die -schale mit dem Zucker in einen Topf geben, unter Rühren aufkochen, vom Herd ziehen und etwas abkühlen lassen. Die ausgedrückte Gelatine im Sirup auflösen. Die Sahne steif schlagen und den abgekühlten Sirup unterziehen.

Die Biskuitböden jeweils einmal waagerecht halbieren. Alle Böden mit Likör tränken. Je 2 zusammengehörige Böden mit etwas Zitronensahne füllen, dabei einen Tortenring um die Biskuits legen. Kalt stellen und fest werden lassen. Das Fondant in 6 gleich große Portionen teilen und 3 Portionen wieder zusammenkneten. Auf einer mit Puderzucker bestäubten Arbeitsfläche dünn ausrollen und die große Torte damit überziehen. Glatt streichen und die überschüssigen Ränder abschneiden. 2 weitere Fondantportionen zusammenkneten, ebenfalls dünn ausrollen und die mittlere Torte damit überziehen. Die letzte Fondantportion ausrollen und die kleine Torte damit überziehen. Alle drei Torten auf je eine in der Größe genau passende Tortenplatte geben. Die mittlere Torte auf die größte stellen, dabei 4 Tortendübel (Länge zuschneiden je nach Tortenhöhe), die die Tortenplatte der nächsten Etage tragen, in die größere Torte einsetzen. Die kleinste Torte auf die mittlere Etage setzen und dabei ebenfalls Tortendübel einsetzen. Das Eiweiß verquirlen und den Puderzucker unterrühren, sodass eine dickcremige Masse entsteht. Mit Folie abdecken, da sie sehr schnell austrocknet. Die Masse in einen Spritzbeutel mit sehr kleiner Lochtülle füllen und nach Belieben auf die Ränder bzw. Seiten der Torte verschieden große Tupfen aufspritzen. Die Rosen anbringen (mit ganz wenig Spritzglasur ankleben) und die Torte bis zum Servieren kühl stellen.

Frühling

An jedes Detail wurde gedacht
Selbst den Eingang in die Mühle ziert der einheitlich ausgesuchte Blumenschmuck. Der Duft der vielen Rosen verführt zu manchem Kuss unter dem gebogenen Türsturz.

Liebevoll eingedeckt
Das ausgesuchte Arrangement auf der Tafel verrät schon vor dem Mahl: Hier darf sich der Gast auf eine üppige Speisenfolge freuen. Wo so viel Liebe im Spiel ist, wird auch die Küche nur Erlesenes kredenzen.

Auf das Brautpaar!
Eine etwas dynamischere Alternative zu herkömmlichen Tischkarten sind diese „Glaskärtchen", die zusammen mit ihrem Besitzer den Platz wechseln können.

FLUSSKREBSVARIATIONEN MIT SALAT

Zutaten für 4 Personen:

Für die marinierten Flusskrebse: 200 g frisch ausgelöstes Flusskrebsfleisch
2 EL Olivenöl
2 EL Zitronensaft
½ Knoblauchzehe, fein gehackt
1 TL fein gehackte Petersilie

Für die Flusskrebssülze:
200 g gekochtes Flusskrebsfleisch
1 TL Zitronensaft
4 Blatt weiße Gelatine

1 Karotte
400 ml Gemüsefond
Salz, Pfeffer
1 TL fein gehackter Dill
1 EL fein gehackte Petersilie

Für die Flusskrebs-Dim-Sum:
30 g frischer Blattspinat
60 g ausgelöstes Flusskrebsfleisch
4 Wan-Tan-Teigplatten (TK)
½ Knoblauchzehe
1 Frühlingszwiebel

1 EL Erdnussöl
1 EL Sojasoße
Pfeffer
1 Eiweiß
3 Stängel Schnittlauch
Pflanzenöl zum Frittieren

Außerdem:
150 g frischer gemischter Salat
2 EL dunkler Balsamico
Salz, Pfeffer
½ TL Zucker
5 EL Olivenöl

Zubereitung: Für das marinierte Flusskrebsfleisch dieses mit einem scharfen Messer der Länge und der Breite nach einschneiden. 2 EL Olivenöl, Zitronensaft, Knoblauch, Salz, Pfeffer und Petersilie mischen, über das Krebsfleisch geben. Durchmischen, über Nacht im Kühlschrank ziehen lassen.

Für die Sülze das Flusskrebsfleisch mit Zitronensaft beträufeln. Die Gelatine in kaltem Wasser einweichen. Die Karotte schälen und sehr klein würfeln. Die Brühe mit der Karotte aufkochen, die Gelatine ausdrücken und darin auflösen. Mit Salz und Pfeffer würzen. Das Flusskrebsfleisch, Dill und Petersilie untermischen und alles in eine mit Klarsichtfolie ausgekleidete kleine Kastenform füllen. Gut zugedeckt im Kühlschrank über Nacht fest werden lassen.

Für die Dim Sum den Spinat putzen und in feine Streifen schneiden. Das Krebsfleisch klein hacken. Die Teigplatten unter einem feuchten Geschirrtuch auftauen lassen. Knoblauch schälen und durchpressen, die Frühlingszwiebel in feine Streifen schneiden, beides in einer Pfanne mit Erdnussöl dünsten. Spinat und Krebsfleisch hinzufügen und kurz mitdünsten. Mit Sojasoße und Pfeffer würzen. Teigplatten ausbreiten und mit verquirltem Eiweiß bestreichen. Die Füllung jeweils in die Mitte geben. Die Ecken nach oben zusammenziehen und mit einem Schnittlauchstängel zusammenbinden. Etwa 1 l Öl in einem Topf erhitzen und die Teigtäschchen goldgelb frittieren.

Salat waschen, trocken schleudern und auf Tellern platzieren. Essig, Salz, Pfeffer und Zucker verrühren, das Öl nach und nach unterschlagen. Die Krebsvariationen um den Salat verteilen, mit der Vinaigrette beträufelt servieren.

RUCOLASALAT MIT FEIGEN, PARMASCHINKEN UND MOZZARELLA

Zutaten für 4 Personen:

200 g Rucola
200 g Mozzarella
12 reife Feigen
12 Scheiben Parmaschinken
2 EL Balsamessig
4 EL Olivenöl
Salz, Pfeffer aus der Mühle
Weißbrot zum Servieren

Zubereitung: Den Rucola waschen, verlesen, putzen und trocken schütteln. Den Mozzarella abtropfen und in Würfel schneiden. Die Feigen waschen und der Länge nach zu Vierteln einschneiden. Den Parmaschinken zu Nestern formen und jeweils eine leicht auseinandergedrückte Feige hineinstellen. Den Rucola mit dem Mozzarella gemischt auf Tellern anrichten und die Rucolanester mit den Feigen daraufgeben. Den Essig mit dem Öl verrühren, mit Salz und Pfeffer würzen und über den Salat träufeln. Mit Weißbrot servieren.

Kulinarische Transparenz

Die Appetithappen im Glas locken schon von Weitem mit raffinierten Kompositionen. Als kleiner Gruß aus der Küche, leckere Vorspeise oder leichter Sommersalat eröffnen sie stilvoll jedes Fest und lassen das Auge an ihrem delikaten Innenleben teilhaben. Eisgekühlt, mit blütenverzierten Eiswürfeln serviert, wird die Suppe zum erfrischenden Willkommensgruß und der knackige Putensalat mit Fingermöhren und Walnüssen zum viel bewunderten Anschauungsobjekt, bevor er auf die weitere Speisenfolge einstimmt.

AUFSTRICHE, DIPS & Köstliches im Glas

Verrines nennt man sie in Frankreich, und von dort kommt auch der Trend, Suppen, Salate, Desserts, selbst Hauptgerichte in Gläsern zu servieren – delikate Kreationen für Auge und Gaumen.

Natürlich findet man sie in verschiedensten Ausführungen auch fertig angerührt im Feinkosthandel. Selbstgemachte Aufstriche und Dips sind jedoch eine Spur raffinierter und tragen nicht selten eine individuelle Note. Als erster Gruß aus der Küche sind sie schnell zur Stelle, wenn Gäste kommen. Virtuos verstehen sie es, die Wartezeit auf das eigentliche Menü zu verkürzen und Appetit auf mehr zu machen. Auch Koch oder Köchin sehen die aromatischen Mischungen gern in ihrer Menüliste, denn sie sind unkompliziert und aus wenigen Zutaten gemacht. Von herzhaft kräftig bis sahnig süß sind viele Varianten möglich, selbst für Vegetarier sind herrliche Rezepte dabei. Alles, was Sie brauchen, ist ein leistungsstarker Mixer und eine Prise Feingefühl beim Abschmecken. Zudem wird sich niemand beschweren, falls etwas übrig bleibt. Die vielseitig kombinierbaren Aufstriche finden im Handumdrehen ein neues Einsatzgebiet. Für eine größere Gästeschar können Sie eine bunte Auswahl zusammenstellen. Selbst die Nuss- oder Schokocreme zum Frühstück schmeckt hausgemacht einfach feiner. Unsere Rezepte dürfen als Anleitungen verstanden werden, die auch kleine Variationen zulassen. Butter, Frischkäse oder gutes Olivenöl sind hervorragende Geschmacksträger, in denen sich die Aromen der Grundzutaten gut entfalten können. Wählen Sie nur die frischesten Zutaten aus und richten Sie sie in passenden Schälchen erst kurz vor dem Servieren an. Aufstriche mit Milchprodukten bleiben nur wenige Tage im Kühlschrank frisch. Eingemachtes aus dem Weckglas ist dagegen länger haltbar – und eignet sich hervorragend als Mitbringsel oder Gastgeschenk. Schön ist es, wenn Sie die Aufstriche und Dips mit den enthaltenen Ingredienzen garniert auf den Tisch stellen. So sieht jeder Gast auf den ersten Blick, was ihn erwartet. Ergänzen Sie die Auswahl mit frischem Brot, gern leicht angeröstet und in mundgerechten Häppchen. Auch Pumpernickeltaler, Brotchips oder Grissini runden das Buffet ab. Dazu bringen Möhren und Gurkensticks, Kresse oder Sonnenblumenkerne frische Aromen ins Spiel.

So gestalten Sie ein abwechslungsreiches kulinarisches Buffet, das nichts vermissen lässt und sicher nicht nur wenn Gäste kommen eine leckere Alternative darstellt. Mit derart abwechslungsreichen Aufstrichen darf sich selbst das vielerorts etwas in Vergessenheit geratene „Abendbrot" auf eine Renaissance freuen!

Was das Herz begehrt
Unter dem großen alten Apfelbaum steht ein gedeckter Tisch mit gesunden Köstlichkeiten bereit. Ländlich frische Accessoires schmücken den stimmungsvollen Gartensalon.

KOMMT, WIR FEIERN EIN *Apfelblütenfest*

Frühlingsduft erfüllt die Luft und zarte Blüten setzen frische Farbtupfer – Vorhang auf für das grandiose Schauspiel der alten Obstbäume. Sie haben uns zu einer Tafel inspiriert, die ganz der Kräuterlust gewidmet ist.

Das Landleben zeigt sich von seiner schönsten Seite, wenn der blaue Frühlingshimmel lockt und die Pflanzenwelt zu neuem Leben erwacht. Und so nutzen wir die Gunst der Stunde und verwandeln den Garten kurzerhand in einen charmanten Freiluftsalon. Gleich hinter dem alten Holzschober bezaubern groß gewachsene Apfelbäume mit ihrer verschwenderischen Pracht. Wie ein Vorhang rahmen Blütenwolken den von uns ausgesuchten Platz. Zart und doch voll ungeheurer Vitalität präsentiert sich die Natur dieser Tage – genau wie die Zutaten in unserem Frühlingsmenü: frische Kräuter, Blüten und Gewürze, die mit ihrem Duft und Aroma etwas herrlich Ursprüngliches an sich haben. Bärlauchbutter, Käse mit Blüten- oder Bockshornklee, Kräuterkuchen, frisches Bauernbrot und Rosensalz sind nur einige verlockende Beispiele der köstlichen Kreationen in satten Farben, die mit wunderbaren Aromen überraschen. Einfach und doch mit viel Liebe zum Detail hergerichtet, wird ein schlichter Holztisch zur Festtafel. Weiche Kissen und Decken laden auch bei frühlingshaften Temperaturen zum Verweilen ein. Pinienzapfen aus Stein erheben sich zwischen den Glashauben und Etageren, Rosmarinkränze schmücken jedes Gedeck. Große Windlichter sorgen für Atmosphäre und sind verspielte Zierde. Dekorationsideen, die ländliche Lebenslust verbreiten und so raffiniert und beschwingt sind wie der erwachende Frühling im Bauerngarten.

ZIEGENKÄSE „BLÜTENZAUBER", KÄSEROLLE MIT BÄRLAUCH

Zutaten für 1 Stück:

1 Ziegenkäserolle 500 – 600 g
50 – 100 g getrocknete Blüten, z. B. „Gute-Laune-Gewürzblütenmischung" (Knoblauch, Oregano, Basilikum und Rosmarin) von Sonnentor
Frischhaltefolie

Zubereitung: Frischhaltefolie auf einer Arbeitsfläche ausrollen und glatt streichen. Blütengewürzmischung gleichmäßig darauf verteilen und die Ziegenkäserolle mithilfe der Frischhaltefolie rundherum in den getrockneten Blüten wälzen, bis sie lückenlos von der Gewürzmischung bedeckt ist. Fest in Folie einpacken und bis zum Verzehr kühl stellen.

Tipp: Anstelle getrockneter Blüten können Sie auch frischen Bärlauch verwenden. Für eine Frischkäse- oder Ziegenkäserolle von ca. 500 g reicht eine Handvoll bzw. ein Bund Bärlauch. Die Blätter waschen, verlesen, trocken tupfen und die Stängel entfernen. Bärlauch zwischen zwei Folien legen und mit dem Teigroller etwas platt drücken, damit die Blätter besser haften. Die obere Folie entfernen und die Käserolle wie beschrieben in den Bärlauchblättern wälzen. In der Folie kalt stellen.

PIKANTER HEFEKUCHEN MIT KRÄUTERN

Zutaten für 1 Kuchen von 26 cm Ø:

500 g Mehl
1 Würfel (42 g) frische Hefe
Salz, Pfeffer
120 g Butter
¼ lauwarme Milch
2 Eier
je 1 Bd. Schnittlauch und Petersilie (gehackt)
750 g Lauch
750 g Champignons
200 g gekochter Schinken
200 g Schafskäse
200 g Kräuterfrischkäse
2 Eigelbe

Zubereitung: Mehl, zerbröckelte Hefe, etwas Pfeffer und Salz, 80 g weiche Butter, Milch, Eier und 1/3 der Kräuter zu einem glatten Hefeteig verkneten, zugedeckt an einem warmen Ort gehen lassen. Inzwischen Lauch putzen, waschen und in feine Ringe schneiden. Pilze putzen und in feine Scheiben schneiden. Beides gemischt in 2 Portionen in 20 g Butter andünsten, mit Salz und Pfeffer würzen. Schinken würfeln und mit zerkrümeltem Schafskäse, Frischkäse und Eigelb glatt rühren. Lauch-Pilz-Mischung und übrige Kräuter unterrühren, abschmecken. Teig nochmals durchkneten, auf 40 x 45 cm ausrollen. Die Käsemasse daraufstreichen. Von der langen Seite her fest aufrollen. In 5 cm breite Scheiben schneiden. Mit der offenen Seite nach oben in eine gefettete Springform (26 cm Ø) setzen. Abgedeckt 15 Min. gehen lassen. Im vorgeheizten Ofen bei 180 Grad 45 – 55 Min. backen. Abgekühlt nach Belieben mit Petersilie oder Bärlauch garnieren.

Frühling

Es ist angerichtet!
Mit den ersten warmen Tagen des Jahres steigt die Lust auf ein Fest im Freien: Feine Kreationen, fläckernde Windlichter, Pinienzapfen aus Stein und Rosmarinkränze heißen willkommen.

Das i-Tüpfelchen jeder Tafel: aromatisches Grün

Kleine Erfrischung
Mineralwasser mit Limettenscheiben begleitet den „Blütenzauber".

Frühling

Verspielte Zierde

Stillleben
Der Zauber eines kurzen Gastspiels –
zarte Frühlingsfarben übernehmen das
Regiment. Ranunkeln und Milchstern
umgarnen Essig und Öl, während sich der
Käse dezent unter die Haube zurückzieht.

KICHERERBSENSALAT MIT FETA UND KORIANDER

Zutaten für 4 – 6 Personen:

400 g Kichererbsen aus der Dose
150 ml Olivenöl
5 Knoblauchzehen
1 rote Zwiebel
1– 2 rote Chilischoten

250 g zerkrümelter Feta
4 Frühlingszwiebeln
½ Tasse Koriandergrün (gehackt)
1 Tasse glatte Petersilie (gehackt)
Saft von 1 Bio-Zitrone

Zubereitung: Die Kichererbsen abspülen und in eine Schüssel geben. Knoblauchzehen fein hacken, rote Zwiebel pellen und fein hacken, Chilischoten von den Samen und Häutchen befreien und ebenfalls fein hacken. 3 EL des Olivenöls erhitzen, rote Zwiebelwürfel darin glasig anbraten, Knoblauch und Chiliwürfel hinzufügen, darauf achten, dass der Knoblauch nicht bräunt. Alles vollständig abkühlen lassen. Die grünen Teile der Frühlingszwiebel fein hacken. Feta, Frühlingszwiebeln, Koriander, Petersilie und Zitronensaft zu den Kichererbsen geben, mit Pfeffer und Salz abschmecken, das abgekühlte Knoblauchöl sowie das restliche Olivenöl hinzufügen und alles gut mischen, etwas durchziehen lassen.

KRÄUTERBROT

Zutaten für 2 Brote:

1 kg Mehlmischung (Weizen- und Roggenmehl je ca. 50 %)
1 Würfel (42 g) frische Hefe
½ TL Zucker
600 – 700 ml lauwarmes Wasser
150 g flüssiger Sauerteig
2 TL Salz
Wild- oder Gartenkräuter
Sonnenblumenkerne
etwas Bier zum Bestreichen

Zubereitung: Mehl in eine Schüssel füllen, Hefe in die Mitte bröckeln, mit Zucker bestreuen und mit ca. 10 EL Wasser verrühren. 10 Min. ruhen lassen. Sauerteig, Salz und ½ l Wasser zufügen. Alles gut durchkneten. Nochmals ca. 90 Min. zugedeckt gehen lassen. Dann den Teig auswellen, mit getrockneten Wild- oder Gartenkräutern je nach Saison und mit Sonnenblumenkernen bestreuen. Aufrollen, mit Bier bestreichen, mehrmals mit der Gabel einstechen und bei 200 Grad ca. 60 Min. backen. Brotkorb mit Sesamstangen und Fladenbrot ergänzen.

BÄRLAUCHBUTTER

Zutaten:

250 g weiche Butter
2 Handvoll Bärlauch
Kräutersalz

Zubereitung: Den Bärlauch waschen, trocken tupfen und klein schneiden, in einer Schüssel mit Butter und Salz vermischen. Masse in Butterförmchen drücken und einige Stunden im Kühlschrank fest werden lassen.

Ganz in Weiß
kommen Blüten und Vase daher und verleihen
dem Frühlingstisch ein frisches Gesicht.

Von sonnigem Gemüt
Ein kuscheliges Heim schuf man den himmelblauen Muscari. In je einer Gänseeihälfte weich auf Moos gebettet, recken sie ihre Traubenköpfchen den ersten warmen Sonnenstrahlen entgegen.

Blumenschmuck im Frühling
Für das blühende Moosnest schneiden Sie aus Steckschaum eine Eiform aus und befestigen daran mit Klammern Moos, Narzissen, Rhododendronknospen und Spindestrauch-Zweige. Eine Schleife verschönert den Übergang.

Verspielt
Wenn der Winter sich als Frühling verkleidet, dann entstehen Schneebälle aus Blüten (Viburnum opulus 'Roseum'). Und da das Ergebnis so reizend ist, darf der Strauch ganz allein in der Vase auftreten.

Es ist angerichtet
Servietten und Besteck werden im edlen Topf gereicht, dessen Toile-de-Jouy-Motive an romantische Frühlingsfeste erinnern.

Sommer

Rezepte aus dem Garten, Pasta, Cocktails, Konfitüren

Perlmuttrosa & Stachelbeergrün
Sanfte Farben vereinigen sich zu einem romantischen Stilmix in Pastell. Liebevoll improvisiert und doch edel. Wenn sich die Gäste zum Essen einfinden, werden die Kerzen entzündet.

FESTMENÜ
in Sommerlaune

Saftige Melonen, samtige Pfirsiche und die aromatische Verwandtschaft aus dem Garten vereinen sich zu raffinierten Rezepten – eine romantische Tafelausstattung zaubert dazu Ferienstimmung.

Die heißen Monate des Jahres verlocken nicht gerade zu kulinarischen Ausschweifungen – doch ein frisches, fruchtiges Essen weckt den Appetit mit Leichtigkeit. Besonders, wenn zum Diner im Freien geladen wird und jeder Gang mit Sommerlieblingen wie Melonen und Pfirsichen gemacht ist, die ihren intensiven Duft verströmen. Sie glänzen als Appetizer im Sommersalat und krönen das Hauptgericht. Zitrusfrüchte heben dazu das Aroma vom Aperitif.

Der Hauptgang, das Huhn in fruchtiger Soße, entwickelt sich beinahe von selbst im Ofen zum kulinarischen Glanzlicht. Frische Küche, leicht und überraschend. Und bei solch köstlichen Tricks mit Früchten kommt es fast von allein, das herrliche Gefühl südlicher Lebensart. Man nimmt sich Zeit zum Genießen und Staunen: Ungewöhnliche Accessoires lassen die Tafel in stimmungsvollem Glanz erstrahlen. Hell lackierte, historisch anmutende Kerzenleuchter und Laternen, unkonventionell zusammengestelltes Geschirr in Weiß, Grau und Pastellfarben mit Silberrand, farbige Gläser, die im Abendlicht schimmern, Tischläufer mit Rosendekor, eine alte Waage aus dem Kolonialwarenladen… Sie alle erzählen Geschichten des Sommers und lassen die heimlichen Stars, die Früchte, in einem glamourösen Licht erscheinen. Und wenn wenig später ein sanfter Wind durch die Zweige weht, die Blätter geheimnisvoll rascheln und das abendliche Vogelkonzert mehrstimmig aus den Baumkronen zu hören ist, dann sind das Momente, die den Augenblick überdauern, während sich langsam ein Wohlgefühl ausbreitet, wie es nur ein vorzügliches Diner im Freien zu zaubern vermag.

HÄHNCHENKEULEN IN FRUCHTSOSSE

Zutaten für 4 Personen:

4 reife Pfirsiche	4 TL gelbe Currypaste
1 Honigmelone	800 ml Kokosmilch
2 große säuerliche Äpfel	750 ml Gemüsefond
2 Zwiebeln	Saft einer Limette
4 Hähnchenkeulen	Salz, Pfeffer, Zucker
Sonnenblumenöl	1 Handvoll Basilikumblättchen

Zubereitung: Pfirsiche waschen, mit kochendem Wasser überbrühen, dann die Haut abziehen und in Spalten schneiden. Die Melone schälen, Kerne entfernen und das Fleisch in Stücke schneiden. Die Äpfel schälen und in Spalten schneiden. Zwiebeln schälen, halbieren und in Streifen schneiden. Hähnchenkeulen waschen, trocken tupfen. 3 EL Öl in einem Schmortopf erhitzen und die Hähnchenkeulen rundum kräftig anbraten. Aus dem Topf herausheben und im verbleibenden Fett die Currypaste mit den Zwiebeln kurz anbraten. Mit Kokosmilch ablöschen. Hühnerkeulen wieder in den Schmortopf geben und den Gemüsefond aufgießen. Zugedeckt bei mittlerer Hitze 25 Min. schmoren. Die Fruchtspalten dazugeben und weitere 5 Min. schmoren lassen. Den Limettensaft dazugeben und die Soße mit einer Prise Zucker, Salz und Pfeffer abschmecken. Mit reichlich Basilikumblättchen (ein paar für die Dekoration beiseitelegen) bestreuen und weitere 5 Min. ziehen lassen. Mit Basilikumblättchen bestreut servieren.

SOMMERSALAT MIT HONIGMELONE

Zutaten für 4 Personen:

500 g kleine festkochende Frühkartoffeln	100 ml Gemüsebrühe
Meersalz	1 – 2 Schalotten
4 EL Apfelessig	4 EL Olivenöl
Zucker	2 Blattsalate, z. B. Batavia- und Löwenzahnsalat
1 EL gekörnter Senf	1 Honigmelone
Pfeffer aus der Mühle	200 g Gorgonzola

Zubereitung: Kartoffeln gut abbürsten, in Salzwasser ca. 20 Min. kochen. Kartoffeln abgießen, kurz ausdampfen lassen, danach schälen und halbieren. Den Apfelessig mit einer Prise Zucker, Senf, Pfeffer aus der Mühle und der Gemüsebrühe verquirlen. Die Schalotten schälen, sehr fein würfeln und unterrühren. Das Olivenöl unterschlagen. Die Kartoffelstücke mit der Marinade mischen und zugedeckt mindestens 2 Std. ziehen lassen. Batavia- und Löwenzahnsalat putzen, von den harten Strünken befreien, abspülen, abtropfen lassen und in mundgerechte Stücke zupfen. Die Honigmelone entkernen, das Fruchtfleisch in Spalten schneiden oder mit dem Ausstecher zu Kugeln formen. Den Gorgonzola grob zerbröckeln. Die Salate unter die Kartoffelspalten heben. Mit Melone und Käse anrichten. Dazu passt frisches Baguette.

CAMPARI-COCKTAIL

Zutaten für 6 – 8 Personen:

1 Flasche Campari
1 Wassermelone
1 Limette
1 Handvoll Borretschblüten
stilles Mineralwasser

Zubereitung: Borretschblüten ausschütteln und gleichmäßig auf die Fächer eines Eiswürfelbehälters verteilen. Mit stillem Mineralwasser aufgießen und gefrieren lassen. Die Wassermelone schälen, von den Kernen befreien und mit dem Zauberstab pürieren. Das Fruchtfleisch durch ein Leinentuch filtern und den Saft auffangen. Die Limette auspressen und den Saft mit Melonensaft und Campari mischen. Cocktail in Gläser füllen und mit den Borretschblüten-Eiswürfeln servieren.

Blumiger Longdrink
Ein Aperitif, der mit intensiven Farben und Aromen die Sinne erfrischt: eisgekühlter Campari mit Melonensaft. In den Eiswürfeln schimmern blaue Borretschblüten im karminroten Drink. Bis das Diner beginnt, können die Gäste mit dem Glas in der Hand über den Rasen schlendern und die Abendstimmung im Garten genießen.

Frisch & fruchtig
Der Saft der Limette, der grünen Schwester der Zitrone, hebt den Geschmack von Salaten, Desserts und Cocktails mit Frische und Säure auf ein sommerlich leichtes Niveau.

Opulenter Tischschmuck
Die Blütenbüschel der unverwüstlichen Ramblerrose 'Paul's Himalayan Musk' und der Kleinstrauchrose 'The Fairy' adeln jede Tafel. In Eiweiß getaucht, gezuckert und getrocknet sind die Blüten eine dekorative Tortenzierde.

EIN FESTIVAL DER
Rosenträume

Barocke Blüten und edle Requisiten inspirieren zu wunderbaren Dekorationen und lukullischen Entdeckungsreisen ins Reich der Rose.

Zauberhaft verpackt
Umhüllt von zarten Ranken und einem grünen Samtband wird das Bouquet aus gerüschten Rosenblüten zum viel bewunderten Tischschmuck. Auf dem edlen Porzellanteller mit Rosenmotiv verbreiten die zarten Blüten romantische Sommerstimmung.

Im Garten grenzt die Rosenpracht fast an ein Wunder, und der unglaubliche Duft verführt zum Träumen.

ESPRESSO-MASCARPONE-KUCHEN MIT KANDIERTEN ROSENBLÜTEN

Zutaten für 1 Springform von 20 cm Ø:

2 Eier
50 g Zucker
40 g Mehl
10 g Stärke
1 – 2 TL dunklen Kakao
1 TL Espressopulver
100 g Zartbitterschokolade
50 ml starker Espresso
200 g Mascarpone
300 g Magerquark
2 EL Kaffeelikör
50 g Puderzucker
150 g Sahne
Kakaopulver
kandierte Rosenblüten

Zubereitung: Backofen vorheizen. Den Springformboden mit Backpapier belegen. Eier mit dem Zucker 7 Min. auf höchster Stufe schaumig schlagen, bis die Masse Spitzen zieht. Mehl, Stärke, Kakao- und Espressopulver darübersieben und unterziehen, den Teig in die Form füllen. Im Ofen bei 175 Grad ca. 20 Min. backen. Nadelprobe machen, aus dem Ofen nehmen und den Springformrand lösen, mit dem Backpapier auf ein Kuchengitter ziehen und auskühlen lassen. Backpapier abziehen, den Boden auf eine Kuchenplatte geben und einen Tortenring um den Boden legen. 50 g Schokolade klein hacken und im heißen Espresso auflösen, auf den Boden streichen. Mascarpone, Quark, Kaffeelikör und Puderzucker verrühren. Die Sahne steif schlagen, unterheben. Sahnecreme auf dem Boden verstreichen. 50 g Schokolade schmelzen, auf eine Marmorplatte dünn aufstreichen und zu Spänen schaben. Tortenring entfernen, den Kuchen rundherum dick mit Kakao bestäuben und mit Kakaospänen garnieren. Mindestens 3 Std. kühl stellen. Vor dem Servieren mit kandierten Rosenblüten verzieren.

ROSEN-HIMBEER-GELEE

Zutaten für ca. 6 Gläser à 100 ml:

6 Blatt Gelatine
60 g Zucker
6 cl Wodka
4 EL Zitronensaft
100 g Himbeeren
einige Tropfen Rosenöl

<u>Johannisbeergelee:</u>
100 ml Johannisbeersaft
1 Blatt Gelatine

Zubereitung: Gelatine in kaltem Wasser einweichen. 400 ml Wasser mit Zucker erhitzen und die ausgedrückte Gelatine unter Rühren darin auflösen. Zitronensaft und Rosenöl unterrühren, dann abkühlen und leicht gelieren lassen. Himbeeren waschen, trocken tupfen und auf die Gläser verteilen. Rosengelee einfüllen und ca. 1 Std. im Kühlschrank gelieren lassen. Für das Johannisbeergelee Gelatine in kaltem Wasser einweichen und in erwärmtem Johannisbeersaft auflösen. Abkühlen lassen und wenn der Saft zu gelieren beginnt, auf das Rosengelee geben. 30 Min. kühlen, dann servieren.

MUFFINS MIT ROSENBLÜTENDEKO

Zutaten für 12 Stück:

1 Ei
125 g brauner Zucker
75 ml Öl
225 ml Milch
350 g Mehl
1 Pck. Backpulver
1 Pck. Vanillezucker
70 g gemahlene, geschälte Mandeln
12 Papiermuffinförmchen

Für die Dekoration:
1 Eiweiß
500 g Puderzucker
Lebensmittelfarben (Rot, Grün)
grober Kristallzucker

Zubereitung: Ei mit Zucker, Öl und Milch verquirlen. Mehl mit Backpulver und Vanillezucker mischen, über die Eimasse sieben, Mandeln zugeben und alles zu einem homogenen Teig verrühren. Die Vertiefungen einer Muffinform mit den Papierförmchen auslegen, den Teig hineingeben und die Muffins im vorgeheizten Backofen bei 175 Grad ca. 25 Min. backen. Herausnehmen und auf einem Gitter auskühlen lassen. Für die Dekoration das Eiweiß in eine Schüssel geben, ebenso 250 g Puderzucker und alles gründlich miteinander verrühren. Etwas mehr als die Hälfte der zähflüssigen Masse abnehmen und mit sehr wenig roter Lebensmittelfarbe hellrosa einfärben. Die Hälfte der Muffins damit bestreichen und den Rand mit Kristallzucker bestreuen. Das restliche rosa Icing mit etwa der Hälfte des verbliebenen Puderzuckers verrühren, sodass die Masse dickcremig wird und Spitzen zieht. Dann mit Lebensmittelfarbe dunkelrosa einfärben und die Masse gut mit Folie abdecken, damit sie nicht austrocknet. Das restliche weiße Icing mit dem restlichen Puderzucker verrühren und die Masse teilen: etwa 1 EL weißes Icing beiseitestellen für das gespritzte Blütenblätterdekor, das restliche Icing mit grüner Lebensmittelfarbe einfärben. Zum Garnieren die unterschiedlichen Icings in verschiedene Spritzbeutel füllen und die Hälfte der Muffins mit zierlichen Blüten-, Rosetten- oder Muscheltüllen nach Belieben verzieren. Dann für die 6 Rosen-Muffins auf den Spritzbeutel mit grünem Icing eine große Blatttülle setzen und kreisförmig Blätter auf die Muffins spritzen. Auf den Spritzbeutel mit rosa Icing eine Blütenblatttülle setzen und die Rose formen: In der Mitte beginnen, einzelne Blütenblätter aufzuspritzen, dabei das Muffin jeweils etwas drehen. Fortfahren, bis die Rose komplett gefüllt ist.

ROSENEIS

Zutaten für 4 Personen:

100 ml Milch
½ Vanilleschote
3 Eigelbe
50 g Zucker
100 ml Himbeersaft
2 – 3 Tropfen Rosenöl
500 ml Sahne

Außerdem:
ungespritzte Rosenblütenblätter
1 Eiweiß
feiner Kristallzucker

Zubereitung: Eiweiß leicht verschlagen und die Rosenblütenblätter damit einpinseln. Mit feinem Zucker bestreuen und auf dem Kuchengitter trocknen lassen. Die Vanilleschote längs halbieren, Mark herausschaben und mit der Milch aufkochen. Eigelbe und Zucker cremig schlagen. Vanilleschote aus der Milch nehmen und die heiße, nicht mehr kochende Milch in einem dünnen Strahl unter die Eiermasse rühren. Über dem heißen Wasserbad zu einer cremigen Masse schlagen (nicht kochen, gerinnt sonst). Anschließend überm kalten Wasserbad kalt schlagen. Rosenblütenblätter fein zerkleinern, zusammen mit Rosenöl und Himbeersaft unterrühren. Sahne steif schlagen und unterziehen. Masse mind. 4 Std. gefrieren lassen, dabei alle 30 Min. umrühren. In Schälchen füllen und mit den gezuckerten Rosenblütenblättern garnieren.

Zwanglose Inszenierung
Der Stil vergangener Epochen verzaubert die Kulisse. Als natürliche Dekoration wächst Wilder Wein die Treppenstufen herab und aus der Silbervase reckt sich Prärie-Enzian (Eustoma) in Weiß, Violett und Rosa.

SOMMER
im Park

Heute erzählen wir Tafelgeschichten vom Lande. Mit stolzen Akteuren auf einem romantischen Herrensitz. Ihr Revier ist der weitläufige Garten – welch ein Glück, dass sie sich von unserem kleinen Fest nicht stören lassen!

Die Landgrafen hätten ihre Freunde an diesem Schauspiel. Mit dem Charme eines wahren Verführers spielt sich der Pfau in den Mittelpunkt. Sein sonst so freundlicher und neugieriger Charakter scheint dieser Tage von Ehrgeiz getrieben, denn er ist auf Brautschau. Der Gutspark ist Schauplatz seiner Bemühungen. Ein durchdringendes „Mieaouhhhhhh", das zuweilen an einen verzweifelten Kater erinnert, verrät ihn. Brust und Hals sind nachtblau gefärbt, dazu schimmert sein Federkleid im Sonnenlicht mit metallischem Glanz. Das Krönchen auf dem Kopf lässt nicht vermuten, dass er mit dem Haushuhn verwandt ist. Aus Respekt vor diesen Familienbanden verzichten wir heute auf gebratene Landhühner zum Fest und gestalten stattdessen die Tafel ganz im Sinne unseres stolzen Kavaliers.

Es ist Zeit, die sommerlichen Freuden zu teilen. Eine großzügige Terrasse mit wunderbarem Blick auf das herrschaftliche Anwesen erinnert uns an das, was einst als wichtig galt. Gemeinsame Mahlzeiten und auch Einladungen zu Festen waren in früheren Zeiten sehr bedeutsam – niemand hätte sie leichtfertig ausgeschlagen. Während dieser Zusammenkünfte bot sich auch die Gelegenheit, das schönste Porzellan und feines Tafelsilber vorzuführen. Unsere Dekoration erzählt von diesen vergangenen Zeiten. Als Kulisse haben wir die Freitreppe mit romantisch wucherndem Wein gewählt, von der aus wir den Park und unseren gefiederten Zeremonienmeister gut im Blick haben. In der Farbgebung haben wir uns von seinem imposanten Gefieder inspirieren lassen. Selbst auf dem Geschirr finden sich seine stilisierten Artgenossen wieder. Und während die Speisen aufgetragen werden, schlägt der Pfau ein prachtvolles Rad und wartet aufmerksam auf eine Reaktion. Sollte nicht doch eine anbetungswürdige Pfauen-Dame in Reichweite sein?

FILET MIT PFLAUMEN UND INGWER

Zutaten für 4 Personen:

300 g grüne Bohnen
400 g kleine Kartoffeln
2 Schweinefilets (à 400 g)
90 g Butter
1 – 2 cm frischen Ingwer (gehackt)
3 Schalotten (gewürfelt)
2 EL flüssiger Honig
120 ml trockener Weißwein
200 g Pflaumen (entsteint)
Salz, Pfeffer aus der Mühle

Zubereitung: Den Ofen auf 210 Grad vorheizen. Die Bohnen putzen und in Salzwasser 4 Min. blanchieren. In Eiswasser abkühlen und dann abtropfen lassen. Die Kartoffeln waschen und mit der Schale gar kochen. Die Filets salzen und pfeffern, dann in einem Bräter mit 40 g Butter von allen Seiten anbraten und dabei leicht bräunen lassen. Vom Feuer ziehen, Ingwer und Schalotten dazugeben, mit dem Honig beträufeln und zugedeckt 15 Min. im Ofen garen lassen. Den Weißwein in den Bräter gießen, die Pflaumen um das Fleisch verteilen und die Ofenhitze auf 180 Grad reduzieren. Weitere 10 Min. garen. In der Zwischenzeit die Bohnen und die Kartoffeln in der restlichen Butter anbraten und dabei würzen. Das fertige Fleisch in Tranchen schneiden, mit Kartoffeln und Bohnen anrichten und die Pflaumen über das Fleisch verteilen. Mit Bratensaft beträufeln und servieren.

PORTOBELLO-PILZE MIT SPINAT UND TALEGGIO ÜBERBACKEN

Zutaten für 4 Personen:

100 g Rucola
4 Portobello-Pilze
50 g frischer Spinat
2 Knoblauchzehen
2 EL Knoblauchöl
150 g Taleggio (ital. Weichkäse)
Salz, Pfeffer
2 EL Weißweinessig

Zubereitung: Den Ofen auf 200 Grad vorheizen. Den Rucola waschen und trocken schütteln. Die Pilze mit einem Küchentuch abreiben. Den Spinat waschen und trocken schütteln. Die Knoblauchzehen abziehen und in feine Scheiben schneiden. 1 EL Öl in einer Pfanne erhitzen und den Spinat und die Knoblauchzehen darin andünsten. Den Taleggio klein würfeln und unter den Spinat mengen. Die Masse auf die 4 Pilze verteilen und im Ofen ca. 20 Min. überbacken. Mit dem restlichen Öl beträufeln und auf dem Salat anrichten. Leicht salzen, pfeffern und mit Weißweinessig beträufeln.

ZWETSCHENKNÖDEL MIT BRAUNER VANILLEBUTTER

Zutaten für 6 Personen:

Für die Knödel:
400 g mehligkochende Kartoffeln
250 g Quark (40 % Fett)
12 Pflaumen
60 g Marzipan
1 Bio-Zitrone
35 g Mehl
30 g Grieß
240 Zucker
1 Ei
1 Prise Salz

Für die Brösel:
1 Vanilleschote
80 g altbackene Brioche
80 g Butter
40 g Zucker

Zubereitung: Am Vortag die Kartoffeln waschen und in kochendem Salzwasser gar kochen. Abgießen. Quark in einem sauberen Küchentuch aufhängen und mehrere Std. abtropfen lassen. Pflaumen waschen, trocknen, entsteinen und mit etwas Marzipan füllen. Zitrone heiß abwaschen und abtrocknen, die Schale fein reiben. Kartoffeln pellen und durch eine Kartoffelpresse drücken. 350 g Kartoffelmasse mit 170 g trockenem Quark, geriebener Zitronenschale, Mehl, Grieß und 40 g Zucker zügig zu einem glatten Teig verkneten. Ei mit dem Salz verquirlen und zuletzt unterarbeiten. Etwa 3 l Wasser mit dem restlichen Zucker aufkochen. Die Kartoffelmasse gleichmäßig in 12 Portionen teilen. Dann mit trockenen Händen und jeweils einer Pflaume als Füllung zügig zu Knödeln formen. Knödel ins kochende Wasser geben und 10–12 Min. ziehen lassen (nicht mehr kochen!). Knödel vorsichtig aus dem Wasser heben, kurz abtropfen lassen und anrichten. Vanilleschote längs halbieren und das Mark herauskratzen. Die Brioche fein mahlen. Die Butter in einer Pfanne bei mittlerer Hitze bräunen, die Briochebrösel hineingeben und ebenfalls bräunen. Zuletzt den Zucker sowie das Vanillemark einrühren, alles über die Knödel streuen und sofort servieren.

BAISERPLÄTZCHEN MIT PISTAZIEN

Zutaten für 16 – 20 Stück:

Für das Baiser:
4 Eiweiße
160 g Zucker
2 EL Vanillezucker
1 Prise Salz
4 EL Mehl
75 g gemahlene Pistazien
50 g gehackte Pistazien
50 g Zartbitterschokolade (ca. 60 % Kakaogehalt)
1 EL Butterschmalz

Zubereitung: Den Backofen auf 100 Grad vorheizen. Die Eiweiße mit Salz schaumig schlagen. Nach und nach Zucker und Vanillezucker einrieseln lassen. So lange schlagen, bis die Masse glänzend und schnittfest ist. Mehl und gemahlene Pistazien vorsichtig unterheben. Auf einem mit Backpapier ausgelegtem Backblech ca. 16 – 20 Meringen aufspritzen. Mit gehackten Pistazien bestreuen. Im vorgeheizten Backofen ca. 4 Std. trocknen lassen, dabei die Ofentür einen Spalt geöffnet lassen. Zartbitterschokolade überm Wasserbad schmelzen und das Butterschmalz unterrühren. Die Meringen damit verzieren, trocknen lassen und gut verschlossen aufbewahren.

PISTAZIENEIS MIT BLÜTENBLÄTTERN

Zutaten für 4 Personen:
1 Vanilleschote
¼ l Sahne
½ l Milch
7 Eigelbe
180 g Zucker
100 g gemahlene Pistazienkerne
2 EL Honig
20 g fein gehackte Pistazienkerne
essbare Blüten zum Bestreuen

Zubereitung: Vanilleschote längs aufschneiden, das Mark herauskratzen, mit der Schote in Milch und Sahne einmal aufkochen, vom Herd nehmen. Eigelbe mit dem Zucker in einer Schüssel cremig schlagen. Die heiße Milch langsam in die Eigelbcreme rühren, alles zurück in den Topf gießen, Vanilleschote herausfischen. Gemahlene Pistazien zufügen und auf kleiner Flamme mit dem Holzspatel rühren, bis die Creme beginnt, dickflüssig zu werden, sie darf keinesfalls kochen. Pistaziencreme auf Eiswasser abkühlen lassen, dabei gelegentlich umrühren. Die gehackten Pistazien mit Honig mischen und unter die Creme mengen. Die kalte Creme in der Eismaschine fertigstellen. Mit Blüten bestreut servieren.

Malerische Kulisse
Camparirot und rosé funkelt es in den Gläsern. Von den intensiven Farben der Landschaft zwischen Seealpen und Mittelmeer zeigt sich auch die Gastlichkeit aufs Schönste inspiriert.

SOMMER, SONNE, *Vitamine*

Gibt es an heißen Tagen etwas Köstlicheres, als sich und seine Gäste mit einem herrlich kühlen Fruchtgetränk und Häppchen zu verwöhnen?

Stellen Sie sich vor, Sie kommen an einem heißen Sommertag abgekämpft nach Hause, und da wartet ein kühler, verlockend fruchtiger Vitamindrink auf Sie. Zu schön, um wahr zu sein? Dann wird es Zeit, dass Sie dieses gesunde Wohlfühlritual in Ihren Familienalltag einbauen. Sie werden sehen, bald gehören die bunten Fruchtdrinks ebenso zu Ihrem Tagesablauf wie die morgendliche Tasse Kaffee oder Tee. Das Handwerkszeug für die Zubereitung hat man meist zu Hause: einen Stabmixer und ein Sieb zum Pürieren der Früchte, einen Messbecher zum Abmessen der Flüssigkeitsmengen und natürlich formschöne Gläser, in denen man die Drinks stilvoll servieren kann. Was unbedingt dazu gehört sind Eiswürfelbereiter, denn nur gut gekühlt entfalten die Fruchtcocktails ihre belebende Wirkung. Man kann dafür die üblichen Plastikschalen oder spezielle Folienbeutel verwenden. Aber legen Sie sich mehrere davon zu, um immer frisches Eis parat zu haben! Was die Qualität des Wassers betrifft, so müssen Sie es nicht unbedingt wie der britische Whiskyfan halten, der seine Eiswürfel direkt aus Grönland importiert. Eine gewisse Sorgfalt bei der Eiszubereitung macht sich jedoch beim Geschmack gewiss bemerkbar. Wer mit dem eigenen Leitungswasser unzufrieden ist, weicht einfach auf stilles Mineralwasser aus. Die Eisgröße entscheidet zwar nicht über den Geschmack eines Drinks, doch passen zu manchen Kombinationen einfach kleinere Eisstückchen besser.

Wer keinen Eiscrusher besitzt, nimmt ein frisches Küchentuch zu Hilfe. Darin werden die Eiswürfel eingewickelt und auf einer festen Unterlage mit einem Hammer oder Fleischklopfer klein geschlagen. Bei der Zubereitung gilt: immer zuerst das Eis ins Glas, dann erst den Fruchtsaft. Ein Schuss Sprudelwasser zum Schluss macht den Drink besonders spritzig. Bei der Auswahl der Früchte lässt man sich am besten vom eigenen Geschmack leiten, prinzipiell lassen sich alle Obstsorten mit weichem Fruchtfleisch schnell zu Säften pürieren. Die meisten Sommerfrüchte wie Beeren, Melonen, Pfirsiche und Mangos zeichnen sich durch einen hohen Vitamin-C-Gehalt und wertvolle Mineralstoffe aus. Und das Schönste: Auch im pürierten Zustand bleiben diese Fitmacher voll erhalten. Sogar Obstmuffel kommen so mit einem Fruchtdrink auf ihre tägliche Ration Vitamine. Was mich aber am meisten freut: Mixen gehört ebenso wie Grillen zu den absoluten Männerterrains. Ich muss meinen Mann also nur fragen, ob wir noch Eiswürfel im Tiefkühler haben, schon macht er sich an die Zubereitung…

HIMBEERDRINK

Zutaten für 4 Personen:
3 EL Himbeersirup
400 ml stilles Mineralwasser
4 EL frisch gepresster Zitronensaft

Zubereitung:
Mineralwasser mit Zitronensaft und Sirup mischen. Eiskalt servieren, am besten auf Eiswürfeln.

GURKENDRINK

Zutaten für 4 Personen:
1 Salatgurke
1 – 2 TL gehackter Dill
Salz, Pfeffer aus der Mühle
Eiswürfel
Dill für die Garnitur

Zubereitung:
Salatgurke schälen und mithilfe eines Entsafters den Saft auspressen. Saft in einen Shaker mit Dill, etwas Salz, Pfeffer und Eiswürfeln geben. Gut durchschütteln, dann in Cocktailgläser abseihen und mit Dill garniert servieren.

JOHANNISBEERDRINK MIT SEKT

Zutaten für 6 Personen:
1 Handvoll Beeren, z. B. Johannis- und Blaubeeren
50 ml Johannisbeersirup
1 Flasche Sekt, trocken
Pfefferminzblätter zum Garnieren

Zubereitung: Die Beeren waschen, in Eiswürfelformen verteilen und mit Wasser auffüllen. Im Gefrierschrank mind. 3 Std. gefrieren lassen. Eiswürfel auf die Gläser verteilen, mit Sekt auffüllen und jeweils etwas Sirup hineingießen. Mit Minze garnieren.

BLOODY MARY UND GEFÜLLTE WINDBEUTEL

Zutaten für 4 – 6 Personen:

Bloody Mary:
40 cl Tomatensaft
8 cl Selleriesaft
4 cl Zitronensaft
12 Eiswürfel
20 cl Wodka
Tabasco, Pfeffer
4 Stangen Bleichsellerie

Windbeutel:
125 ml Milch
75 g Butter
Salz
150 g Mehl
4 Eier
150 g Räucherlachs
100 g Crème fraîche
1 TL Meerrettich
Pfeffer
1 Avocado
1 Knoblauchzehe
2 EL Limettensaft

Zubereitung Bloody Mary: Alle Zutaten außer Sellerie gut durchmixen, in Gläser füllen, mit je einer Stange Sellerie garnieren und sofort servieren.

Zubereitung Windbeutel: Milch, 125 ml Wasser, Butter und 1 Prise Salz in einem Topf aufkochen. Mit einem Holzlöffel Mehl unterrühren, bis der Teig sich vom Boden löst. Etwas abkühlen lassen. Eier nacheinander unterrühren. Backofen auf 200 Grad vorheizen. Teig in einen Spritzbeutel mit Sterntülle füllen und 6 Windbeutel auf ein mit Backpapier ausgelegtes Backblech spritzen. Im vorgeheizten Backofen auf der mittleren Schiene ca. 15 Min. backen. Inzwischen Lachs, Crème fraîche und Meerrettich fein pürieren. Mit Salz und Pfeffer würzen. Avocado halbieren, entsteinen und Fruchtfleisch mit einem Löffel herauslösen. Knoblauch schälen. Avocado, Limettensaft, Knoblauch, Salz und Pfeffer fein pürieren.

Windbeutel abkühlen lassen, quer halbieren und mit Avocado- und Lachscreme füllen.

DREI FRUCHTIGE COCKTAILS

Zutaten für je 2 Drinks:

Papaya-Melonen-Drink:
1 Papaya
½ Ogen-Melone
1 Orange, 1 Zitrone
Zuckersirup zum Abschmecken

Kiwi-Melonen-Drink:
½ Honigmelone
2 Kiwis
2 Limetten
100 ml Mineralwasser
Zuckersirup

Passionsfrucht-Drink:
4 Passionsfrüchte
2 Orangen
60 ml Wasser

Zubereitung Papaya-Melonen-Drink: Papaya und Melone halbieren, entkernen und klein schneiden. Mit dem Saft von Orange und Zitrone im Mixer pürieren. Mit Zuckersirup abschmecken.

Zubereitung Kiwi-Melonen-Drink: Melone halbieren, entkernen und klein schneiden. Mit dem Saft der Limetten und der geschälten, klein geschnittenen Kiwi im Mixer pürieren und mit Zuckersirup abschmecken. Mit Mineralwasser aufgießen.

Zubereitung Passionsfrucht-Drink: Die Passionsfrüchte schälen und klein schneiden. Das Fruchtfleisch durch ein Sieb passieren, mit dem Saft von den Orangen und dem Wasser vermischen und mit Eiswürfeln im Mixer crushen.
Alle Drinks nach Belieben süßen.

KARAFFE MIT ZITRUSFRÜCHTEN

Zutaten für 4 Personen:

1 Limette
1 Zitrone
1 Orange
6 Kumquats
2 EL Honig
Eiswürfel
Mineralwasser
Zitronenmelisse

Zubereitung: Die Früchte heiß abwaschen und in Scheiben schneiden. In eine Karaffe geben und mit dem Honig beträufeln. Wasser darübergießen, bis die Früchte knapp bedeckt sind. Zitronenmelisse dazugeben und kalt stellen. Karaffe zu ⅓ mit Eiswürfeln füllen, bis zum Rand mit Mineralwasser auffüllen.

ALKOHOLFREIE SOMMERBOWLE

Zutaten für 8 Personen:

1 kg gemischtes Obst
(z. B. Äpfel, Melone, Pfirsiche, Zwetschen, Birnen, Weintrauben, Kumquats)
2 l Apfelsaft
einige Limettenscheiben
2 Stängel Zitronenmelisse
1 Flasche Mineralwasser

Zubereitung: Obst waschen, entkernen, entsteinen und in kleine Stücke schneiden. Alles mit Limettenscheiben in ein Bowlengefäß geben und Apfelsaft darübergießen, 1 Std. kalt stellen. Kurz vor dem Servieren das kalte Mineralwasser dazugießen und Zitronenmelisse zugeben.

Beeriges Vergnügen
Mit hübschen Utensilien wie der alten Küchenwaage, dem Emailsieb und den frisch sterilisierten Einweckgläsern wird das Einkochen auch optisch zum Genuss. Legen Sie sich alles zurecht, dann kommt keine Hektik auf.

FEINE
Marmelade

Was einst ungeliebte Pflicht war, ist in der heutigen Zeit wohltuender Luxus: Konfitüre kochen. Mit Freunden zusammen macht es richtig Spaß, die eigenhändig geernteten Früchte zu verarbeiten – probieren Sie es aus!

Heute habe ich keine Zeit, heute wird Marmelade gekocht! Und zwar nicht allein, Ulrike bringt die Erdbeeren mit, Heidrun schüsselweise Johannisbeeren aus dem eigenen Garten und ich habe gestern auf der Obstplantage vier Schalen Himbeeren gepflückt. Wir lassen es so richtig gemütlich angehen, richten zuerst alle Schüsseln, Töpfe, Siebe und Einweckgläser her. Dann werden noch mal die Rezepte gesichtet, die Fruchtmengen abgewogen und wir können loslegen. Natürlich genügt in unserer schnelllebigen Zeit auch ein Griff ins Supermarktregal und man bekommt Konfitüren, die wie hausgemacht schmecken. Aber eben nur „wie hausgemacht", das letzte Quäntchen Geschmack, die große Portion Aufmerksamkeit, die jeder Koch seinem Produkt schenkt, fehlt dieser Massenware.

Nehmen Sie sich die Zeit und kochen Sie selbst Marmelade! Das Prinzip ist ganz einfach: Die zerkleinerten Früchte werden mit einem hohen Zuckeranteil gekocht und heiß in Gläser abgefüllt. Durch das Aufkochen wird das Fruchtmus konserviert und durch das Vakuum im Glas mehrere Monate lang haltbar gemacht.

Der Handel bietet Gelierzucker im Verhältnis 1:1, 2:1 und 3:1 an. Am fruchtigsten ist die Mischung 3:1, denn auf ein Teil Zucker kommen 3 Teile Früchte. Doch aufgepasst, diese Konfitüren sind wegen des geringeren Zuckeranteils nicht so lange haltbar und sollten nach dem Öffnen unbedingt im Kühlschrank aufbewahrt werden. Außer feinstem Kristallzucker enthält der Gelierzucker Pektin und Zitronen- oder Weinsäure. Das Pektin bewirkt zusammen mit dem natürlichen Pektingehalt der Früchte, dass die Marmelade geliert, also fest wird. Die Zitronensäure wiederum gibt einen frischen Geschmack und unterstützt die Konservierung. Was die Wahl der Einmachgläser betrifft: Am praktischsten sind Twist-off-Gläser mit einem Schraubdeckel. Es gibt sie in genormten Größen, sodass Sie Deckel, die nicht mehr dicht schließen, einfach durch neue ersetzen können. Vor dem Gebrauch die Gläser 10 Minuten bei 120 Grad im Backofen sterilisieren und die Deckel in kochend heißes Wasser legen.

Mehrere Hände sind beim Einkochen sehr hilfreich, da man die Arbeitsschritte gut untereinander aufteilen kann. Und außer den leckeren „Früchten im Glas" nimmt man auch die Erinnerung an einen schönen Tag mit nach Hause.

BEERENKONFITÜRE

Zutaten für 3 Gläser à 250 ml:

750 g Beeren (Erdbeeren, Himbeeren, Johannisbeeren)
250 g Gelierzucker (3:1)
½ Pck. Zitronensäure

Zubereitung: Beeren verlesen, kurz abbrausen und mit dem Gelierzucker, der Zitronensäure in einen großen Topf geben und gut durchmischen. Stehen lassen, bis der Zucker sich aufgelöst hat. Die Beerenmischung unter Rühren zum Kochen bringen und 4 Min. sprudelnd kochen lassen. 1 TL Konfitüre auf einen kalten Teller geben. Ist die Konfitüre nach 1 Min. noch nicht fest, weitere 1 – 2 Min. kochen lassen. Die Konfitüre in heiß ausgespülte Gläser füllen und sofort fest verschließen. Die Gläser 10 Min. auf den Kopf stellen und abkühlen lassen.

ERDBEER-KIRSCH-KONFITÜRE

Zutaten für 4 Gläser à 250 ml:

750 g Erdbeeren (gewaschen und geputzt)
250 g Süßkirschen (gewaschen und entsteint)
1 Apfel
1 Vanilleschote
500 g Gelierzucker (2:1)
1 EL Kirschlikör

Zubereitung: Erdbeeren würfeln, Kirschen halbieren. Apfel schälen und fein reiben. Vanilleschote längs aufschneiden. Alles in einem Topf mit dem Gelierzucker mischen, Likör zugeben, zugedeckt etwa 2 Std. ziehen lassen. Fruchtmischung unter Rühren aufkochen und 4 Min. bei mittlerer Hitze sprudelnd kochen lassen. 1 TL Konfitüre auf einen kalten Teller geben. Ist die Konfitüre nach 1 Min. noch nicht fest, weitere 1 – 2 Min. kochen lassen. Vanilleschote entfernen. In heiß ausgespülte Gläser füllen, sofort verschließen.

APRIKOSEN-MARACUJA-MARMELADE

Zutaten für 5 Gläser à 250 ml:

1,5 kg Aprikosen
5 Maracujas
abgeriebene Schale von 1 unbehandelten Orange
Saft von 3 Orangen und 1 Zitrone
1 Pck. Zitronensäure
500 g Gelierzucker (3:1)

Zubereitung: Aprikosen waschen, halbieren und entsteinen. Die Hälften dünn schälen und klein schneiden. Maracujas halbieren, geleeartiges Fruchtfleisch aus den Schalenhälften lösen. Die Orangenschale und den Saft zugeben. Die vorbereitete Menge abwiegen (die Menge sollte 1,5 kg ergeben). Eventuell noch Zitronensaft zufügen. In einen großen hohen Topf geben. Zitronensäure und Gelierzucker untermischen. Unter ständigem Rühren aufkochen und 4 Min. sprudelnd kochen lassen. 1 TL Konfitüre auf einen kalten Teller geben. Ist die Konfitüre nach 1 Min. noch nicht fest, weitere 1– 2 Min. kochen lassen. Heiße Fruchtmasse in vorbereitete Gläser füllen, sofort verschließen. Gläser 10 Min. auf den Kopf stellen und auskühlen lassen.

ERDBEER-SCHOKO-QUARK

Zutaten für 4 Personen:

3 EL Erdbeer-Kirsch-Konfitüre
1 EL Erdbeersirup
50 g weiße Schokolade
3 EL Milch
1 EL Puderzucker
500 g Magerquark
200 g Sahne
frische Erdbeeren, Kirschen und Melisseblättchen zum Garnieren

Zubereitung: Die Konfitüre mit Erdbeersirup verrühren. Die Schokolade zerkleinern, mit Milch und Puderzucker in einem kleinen Topf bei geringer Hitze schmelzen und abkühlen lassen. Den Quark glatt rühren, die geschmolzene Schokolade unterziehen. Die Sahne steif schlagen, locker unter die Quarkcreme heben. Creme und Konfitüre schichtweise in Gläser füllen und für 2 Std. kühl stellen.

Zum Servieren mit den Früchten und Melisseblättchen garnieren.

BEERENROULADE

Zutaten für 12 Stück:

5 Eier
1 Prise Salz
100 g Zucker
100 g Mehl
3 TL Kakao
250 g Sahne
je 1 Pck. Sahnesteif und Vanillezucker
6 EL Beerenkonfitüre (200 g)
1 EL Himbeergeist
Zucker zum Bestreuen
Backpapier für das Blech

Zubereitung: Backofen auf 200 Grad vorheizen. Backblech mit Backpapier belegen. Eier trennen. Eiweiße mit Salz steif schlagen. Eigelbe mit Zucker dickschaumig aufschlagen. Eischnee daraufgeben. Mehl mit Kakao mischen und darübersieben. Alles locker vermischen und auf das Blech streichen. Im Ofen (Mitte, Umluft) bei 180 Grad 10–12 Min. backen. Ein Küchentuch auslegen, mit Zucker bestreuen. Biskuit daraufstürzen, einrollen, abkühlen lassen. Sahne mit Sahnesteif und Vanillezucker steif schlagen. 4 EL Konfitüre und nach Belieben Himbeergeist unterrühren. Biskuit entrollen. Mit restlicher Konfitüre und Beerensahne bestreichen, wieder einrollen. Für 1 Std. kühl stellen.

Rundherum
Der Deckel dieses Grills lässt sich praktischerweise zum indirekten Grillen schließen, der Glutkorb im Inneren ist schwenkbar, sodass das Grillgut entweder von unten oder von der Seite gegart wird.

AUF GLÜHENDEN KOHLEN IN DIE *Grillsaison*

Einige Nachbarn geben schon seit Mitte April Rauchzeichen: Die Gartensaison geht in die „heiße Phase" – die Grills werden rausgeholt und schicken den heimischen Herd in die Sommerpause.

Natürlich hat die klassische Bratwurst auf dem Rost noch die Nase vorn, doch kulinarische Experimente holen langsam auf. Fortgeschrittene Feuermeister versuchen sich an Pizza, Kuchen oder sogar gebackenem Eis. Grill-Akademien und interaktive Grill-Partys erfreuen sich großer Beliebtheit. Und: Grillen ist längst nicht mehr nur Männerdomäne! Allerdings wird die richtige Technik zur Glaubensfrage: Kohle-, Gas- oder Elektro-Grill? Direktes oder indirektes Grillen? Als Faustregel kann man festhalten: Die direkte Methode eignet sich für alles, was maximal 30 Minuten braucht, um gar zu werden. Steaks und Koteletts beispielsweise werden über der Wärmequelle gegrillt und nach der Hälfte der Garzeit gewendet. Bei der indirekten Methode liegt das Grillgut auf einer Tropfschale in einem Grill mit Deckel und wird so von allen Seiten erhitzt. Dadurch muss es auch nicht gewendet werden. Ein schonender, gesunder Garprozess.

Eine Erleichterung ist praktisches Zubehör. Grillanzünder, die nicht mehr so chemisch riechen, Kohle-Kamine zum Vorglühen, lange Feuerzeuge für den sicheren Abstand oder digitale Thermometer, mit denen sich die Kerntemperatur des Grillguts messen lässt. Außerdem muss man nicht mehr wie früher umständlich mit Grillbesteck und Taschenlampe hantieren, für die man immer mindestens eine Hand zu wenig hat – für die modernen Modelle gibt es zusätzliche Halterungen am Korpus des Grills, wo sich Zange und Wender zwischendurch „hängen lassen" können, und in einigen Geräten verstecken sich sogar helle und ausdauernde LED-Leuchten im Griff. Dadurch erkennen Sie auch im Dunkeln, ob das Grillgut fertig ist. Nach dem ordentlichen Säubern des Grills kommt das gute Stück schließlich unter eine schützende Haube – bis die allerdings zum nächsten Einsatz wieder gelüftet wird, vergeht garantiert keine Woche! Und dann zeigen wir den Nachbarn, wer die wahren Grillmeister sind …

FLEISCHSPIESS AUF ROSMARIN

Zutaten für 4 Personen:

1 kg Hähnchenbrust oder Putenbrust
8 Zweige Rosmarin
4 EL Sonnenblumenöl
½ TL Paprikapulver
Salz, Pfeffer
1 Prise Chili

Zubereitung: Das Fleisch in mundgerechte Stücke schneiden und auf die Rosmarinzweige stecken. Das Öl mit Paprikapulver, Salz, Pfeffer und Chili mischen und die Spieße darin einlegen und mindestens 30 Min. marinieren. Anschließend auf dem Tischgrill rundherum in 7–10 Min. grillen. Mit Tomatensalat servieren.

CHAMPIGNONSPIESS

Zutaten für 4 Grillspieße:

5 EL trockener Weißwein
2 EL Zitronensaft
2 EL Olivenöl
etwas Basilikum
glatte Petersilie
Salz, Pfeffer
20 mittelgroße Rosé-Champignons
4 Knoblauchzehen
4 Holzspieße

Zubereitung: Wein und Zitronensaft verrühren, Öl darunterschlagen. Kräuter hacken, zugeben, mit Salz und Pfeffer würzen. Pilze putzen, in der Marinade ca. 30 Min. ziehen lassen. Knoblauchzehen schälen und in Scheiben schneiden.

Pilze abtropfen lassen und im Wechsel mit den Knoblauchscheiben auf Holzspieße stecken. In einer Aluschale ca. 8 Min. grillen, dabei mehrmals wenden.

GEGRILLTES GEMÜSE MIT TINTENFISCH

Zutaten für 4 Personen:

je 2 Auberginen und Zucchini
je 1 gelbe und rote Paprika
ca. 250 g kleine küchenfertige Tintenfische

Marinade:
3 EL Tomatensaft
4 EL Olivenöl
2 EL Balsamessig
je 1 Zweig Rosmarin und Thymian
2 Knoblauchzehen
1 Prise gemahlenen Koriander

Zubereitung: Auberginen und Zucchini in ca. 5 mm dicke Scheiben schneiden. Gelbe und rote Paprika häuten (dazu die Schoten auf den heißen Ofengrill legen, bis die Haut faltig wird und sich abziehen lässt) und in breite Streifen schneiden. In einer Marinade aus Tomatensaft, Olivenöl, Balsamessig, Rosmarin, Thymian, Knoblauchzehen, Salz, Pfeffer und gemahlenem Koriander über Nacht ziehen lassen. Gemüse aus der Marinade nehmen und in einer Grillpfanne ca. 10 Min. anbraten, dann die Tintenfische dazugeben und ca. 10–15 Min. weitergaren. Mit der Marinade anrichten und warm servieren.

Das Schönste am Grillen ist das gesellige Beisammensein.

Fleischspieße auf Rosmarin

Feuerzauber
Im Kupfergehäuse der Gartenfackel setzt Feuerschein schöne Akzente. So wird der Garten stilvoll erleuchtet („Aristo Roma", Villa Casa).

Nudeln sind eine Liebe fürs Leben!
Man kann die Nudel immer wieder neu entdecken, denn keine andere „Beilage" lässt sich so variantenreich zubereiten.

Pasta,
AMORE MIO

*Das Grundrezept ist so einfach wie genial:
Wasser, Salz und Hartweizengrieß.*

Wer hat sie nun erfunden, die Italiener oder die Chinesen? Wohl jeder kennt die Geschichte von Marco Polo, der von seinem jahrelangen Aufenthalt in China die Spaghetti in seine Heimat mitgebracht haben soll. Die Italiener weisen aber zu Recht daraufhin, dass etruskische Grababbildungen aus einer Zeit weit vor dieser bereits Utensilien zur Nudelteigherstellung zeigen. Die Nudel wurde also vermutlich unabhängig voneinander in beiden Kulturen erfunden. Unbestritten ist hingegen die Hingabe und Leidenschaft, mit der sich die Italiener seit dem 12. Jahrhundert stetig der Weiterentwicklung der Nudel widmen. In Italien wird zu fast jeder Mahlzeit ein Gang Nudeln serviert. Der Pro-Kopf-Jahresverbrauch von Teigwaren liegt dort bei 28 Kilo, in Deutschland bei fünf Kilo.

Falls Ihr Verbrauch eher der italienischen Statistik entspricht, haben Sie bestimmt schon Ihre Lieblings-Pastamarke gefunden. Generell gilt, dass Sorten, die zu 100 Prozent aus Hartweizengrieß bestehen, schön kernig schmecken und den nötigen Biss haben. Damit sie den auch behalten, kocht man die Nudeln in reichlich Salzwasser „al dente". Pro 100 Gramm Teigwaren rechnet man mit einem Liter Wasser. Lässt man die Nudeln nach dem Abgießen nur kurz abtropfen und rührt sie dann gleich unter die Soße, kann gar nichts verkleben.

Vielleicht möchten Sie als fortgeschrittener Pastakenner den Nudelteig mal selbst herstellen? Um ein Gefühl für den Teig zu bekommen, empfiehlt es sich, ihn mit Ei zuzubereiten. Das bewirkt eine gute Bindung. Verwenden Sie anfangs außerdem anstelle von Hartweizengrieß normales Backmehl, das sich leichter verarbeiten lässt. Ein Grundrezept für frische Pasta lautet: 1 kg Mehl, 8 Eier, 5 Esslöffel Olivenöl und eine Prise Salz. Man knetet die flüssigen Zutaten nach und nach unters Mehl, bis der Teig nicht mehr an den Fingern klebt. Nachdem er schließlich mindestens 20 Minuten geruht hat, kann man ihn mit der Nudelmaschine oder mit Ausstechern in die gewünschte Form bringen. Viel Spaß beim Ausprobieren und buon appetito!

DIM SUM MIT SPINAT-MUNGOBOHNENKEIME-FÜLLUNG

Zutaten für 4 Personen, 20 Stück:

100 g frischer Spinat
100 g Mungobohnenkeime (aus der Dose)
100 g Tofu
20 Wan-Tan-Teigplatten
20 Stängel Schnittlauch
1 Eiweiß
1 Knoblauchzehe
½ Bd. Frühlingszwiebeln
3 – 4 EL Sojasoße
3 EL Erdnussöl
Pfeffer aus der Mühle
1 Bambusdämpfkörbchen

Zubereitung: Spinat putzen, waschen, trocken schleudern und in Streifen schneiden. Die Mungobohnenkeime in einem Sieb abtropfen lassen. Den Tofu kalt abspülen, trocken tupfen und in feine Würfel schneiden. Die Frühlingszwiebeln putzen und den hellgrünen Lauch ebenfalls fein würfeln. Das Erdnussöl in einer Pfanne erhitzen und die Frühlingszwiebeln darin anbraten. Geschälten Knoblauch hinzupressen. Spinat, Tofu und zuletzt Mungobohnenkeime hinzufügen, mit Sojasoße und Pfeffer würzen und abschmecken. Teigplatten ausbreiten und mit verquirltem Eiweiß bestreichen. Die Gemüsefüllung jeweils in die Mitte geben. Die Ecken jedes Teigblattes nach oben zusammenziehen und mit einem Schnittlauchstängel zusammenbinden. In einem Wok so viel Wasser zum Kochen bringen, dass das hineingestellte Bambuskörbchen damit nicht in Berührung kommt. Wan Tans portionsweise in das Bambuskörbchen legen und zudecken. Den Wok mit einem Deckel verschließen und die Säckchen etwa 10 Min. dämpfen. Mit Sojasoße servieren.

BANDNUDELN MIT TOMATEN-LINSEN-SUGO

Zutaten für 4 Personen:

400 g Bandnudeln
150 g grüne Linsen
50 g geräucherter Speck
1 große Dose geschälte Tomaten
1 Zwiebel
1 Bd. Suppengrün
1 Knoblauchzehe
3 EL Olivenöl
150 ml Gemüsebrühe
1 Lorbeerblatt
1 TL Thymianblättchen
Salz, 1 Prise Zucker
und Pfeffer aus der Mühle
2 EL Petersilie, fein gehackt
Thymian zum Garnieren

Zubereitung: Suppengrün waschen, putzen und klein schneiden. Zwiebel schälen und wie auch den Speck fein würfeln. Beides zusammen in heißem Öl anbraten. Knoblauch hineinpressen, Suppengrün und Linsen zugeben, kurz mitbraten. Lorbeer und Thymian hinzufügen und mit Brühe ablöschen. Nun die Tomaten mit Saft unterrühren und etwas zerkleinern. Mit Salz, Zucker und Pfeffer würzen, aufkochen, ca. 30 Min. köcheln lassen, bis die Linsen weich sind. Nochmals abschmecken, Petersilie unterrühren. Nudeln in Salzwasser bissfest garen, abgießen und mit dem Sugo anrichten. Mit Thymian garnieren.

LASAGNETTE MIT SPARGELSPITZEN

Zutaten für 4 Personen:

400 g Lasagnette
4 Scheiben Parmaschinken, sehr dünn
600 g grüne Spargelspitzen
¼ Zitrone
1 TL Butter
300 g Cocktail-Tomaten
1 Knoblauchzehe, gepresst
200 g Sahne (vorzugsweise italienische Kochsahne, mit 20 – 22 % Fett, dick cremig)
30 g Parmesan
Meersalz, Pfeffer

Zubereitung: Die Nudeln in reichlich Salzwasser bissfest garen. Die Spargelspitzen in Salzwasser mit der Zitrone und der Butter in ca. 6 Min. bissfest kochen, abgießen, abschrecken und abtropfen lassen. Tomaten waschen, trocken tupfen und im Ofen bei 200 Grad mit etwas Salz bestreut ca. 5 Min. backen. Die Sahne in einem Topf unter Rühren erhitzen, mit Salz, Pfeffer, Knoblauch und Parmesan abschmecken, den Spargel zugeben und darin erhitzen. Die Nudeln mit dem Spargel, dem Parmaschinken und den Tomaten auf Tellern anrichten, die restliche Soße darüberträufeln und mit Salz und Pfeffer würzen.

**Dim Sum mit Spinat-
Mungobohnenkeime-Füllung**

Fingerspitzengefühl
erfordert das Zusammenfügen der dünnen Teigplatten.

Frisch zubereitet
So eine Nudelmaschine ist eine feine Sache, um die gewünschte Form aus dem Teig zu formen.

In guter Gesellschaft

Feinstes Silberbesteck und edles Porzellan schmeicheln der königlichen Aura. Hof zu halten, liegt in der Natur der Rose. Ob als überquellende Blütenkaskade oder exquisite Einzelblüte – Rosen lieben es, gefeiert zu werden.

„Ein reizendes Wesen, kaum geformt oder gar gestaltet, eine zarte Rose, gehüllt in all ihre süßesten Blätter."

Lord George Gordon Byron

Dornröschen träumt
Im Rosenparadies finden sich nostalgisch-edle Begleiter und würdige Statisten. Sie setzen den Rahmen, um die aparten Blüten in ein Stillleben einzubinden, das harmonisch und charmant wirkt wie eine Szene aus einem romantischen Garten.

Herbst

Leuchtende Farben und heiße Gerichte
wärmen Leib und Seele.

Dieser Tag soll ein richtig schönes Erlebnis werden: Den Schulbeginn feiern wir mit einem fröhlichen Gartenfest.

EINLADUNG ZUR
Einschulung

Nach den großen Ferien beginnt auch für die Erstklässler eine aufregende Zeit.

Der erste offizielle Schultag ist meistens ein Samstag, damit auch Eltern, Großeltern, Paten und Freunde Zeit für die ehrenvolle Aufgabe finden, den Abc-Schützen auf seinem ersten Schulweg zu begleiten. Ganz neue Pflichten warten nun jeden Morgen. Wichtige Personen treten in das Leben der Kinder: Lehrer, Betreuer und viele neue Kameraden, da ist es schön, auch vertraute Gesichter zu sehen. Wenn die kleine Hauptperson mit der Schultüte fotografisch verewigt wurde und der offizielle Teil beendet ist, beginnt zu Hause das ganz private Fest. Glücklicherweise schenkt uns der August seine schönste Wetterlage für eine Sommerparty unter freiem Himmel. Wichtigstes Accessoire der kleinen Schüler ist der neue Ranzen, der schon einmal probehalber getragen wird – noch interessanter ist nur der Inhalt der Schultüte. Schon von außen sieht sie wunderschön aus. Viele Eltern gestalten sie selbst nach den Wünschen der Kinder. Darin verbergen sich, wie der Name „Zuckertüte" schon andeutet, allerhand Süßigkeiten zwischen Schönem und Nützlichem für den Schulalltag – auch ein Stofftier hat sich dort als Talisman versteckt. Was nicht in die Schultüte passt oder zu schwer zum Tragen ist, wird auf einem kleinen Gartentisch bei der Festtafel arrangiert. Viele nette Ideen verschönern den Tag. Über der Tafel hängt eine Girlande aus Zuckertüten. In ihr können Anleitungen für Spiele, Aufgaben oder Hinweise auf einen „Schatz" im Garten versteckt sein. Die Festtafel im Grünen ist in zartes Rosa und Weiß gehüllt, Miniatur-Schultüten mit Gastgeschenken und Täfelchen als Platzkarten schmücken jedes Gedeck – selbst in den Blumen haben sich noch Radiergummis und Stifte versteckt. Das kulinarische Programm besteht aus einem ungezwungenen Buffet mit Lieblingsgerichten des zukünftigen Schulkindes. Aus der Küche duftet es schon bald verführerisch nach frisch gebackenen Cupcakes und Kuchen, dazu wird gegrillt. Die kleinen Abc-Schützen müssen noch nicht lange still sitzen, sondern dürfen nach dem Essen ausgelassen spielen, toben und auf Schatzsuche gehen. So viel Unterstützung und freundliches Geleit auf dem Weg in die aufregende Schulzeit kann nur Glück bringen!

KUCHENPYRAMIDE

Zutaten für 12 Personen:

Für den Teig:
1 Bio-Orange
150 g Butter
150 g Zucker
2 Eier
250 g Mehl
2 TL Backpulver
80–100 ml Milch

Zum Garnieren:
1 Eiweiß
Salz
250 g Puderzucker
12 rote Johannisbeeren
4 EL Mohn zum Bestreuen

Zubereitung: Backofen auf 180 Grad (Ober-/Unterhitze) vorheizen. Die Orange heiß abwaschen, die Schale abreiben und den Saft auspressen. Butter mit dem Zucker cremig rühren und die Eier nach und nach dazugeben. Das Mehl mit dem Backpulver und Orangenabrieb mischen und mit dem Saft und der Milch abwechselnd unter die Buttermasse mischen. Alles zu einem glatten Teig verrühren, die Mulden eines Muffinblechs mit Papierförmchen auskleiden und den Teig einfüllen. Im vorgeheizten Ofen ca. 25 Min. backen. Die Törtchen herausnehmen und auskühlen lassen. Das Eiweiß mit einer Prise Salz steif schlagen und nach und nach den Puderzucker einrieseln lassen. Weiterschlagen, bis die Masse glänzt und Spitzen zieht. Den Eischnee auf die Törtchen verstreichen und mit je einer Johannisbeere garnieren. Mit Mohn bestreuen und trocknen lassen. Törtchen zu einer Pyramide gestapelt servieren.

CUPCAKES MIT LOLLIPOP-PRALINEN

Zutaten für 12 Stück:

Für die Cupcakes:
250 ml Sojadrink
1 TL naturtrüber Apfelessig
285 g Weizenmehl Type 1050
2 geh. EL Speisestärke
10 g Backpulver
½ TL Natron
1 Prise Meersalz
120 g Margarine
180 g Rohrohrzucker
2 g gemahlene Vanille
(von Biovegan)
1–2 EL Aprikosenkonfitüre

Zutaten für die Lollipops:
200 g Kuvertüre
36 Pralinen ohne Alkohol
2 Tüten Biovegan Zucker-Mimosen, bunt gemischt
36 Holzstäbchen

Zubereitung: Den Backofen auf 180 Grad (Ober-/Unterhitze) vorheizen, eine 12er-Muffinform mit Papierförmchen auslegen. Sojadrink und Apfelessig verrühren. Mehl, Speisestärke, Backpulver, Natron und Salz in einer Schüssel mischen. Margarine und Zucker separat cremig rühren, die gemahlene Vanille zugeben. Abwechselnd die Mehlmischung und den Sojadrink unterrühren. Die Backförmchen zu ⅔ mit Teig füllen. Bei 180 Grad 20–22 Min. backen. Aprikosenkonfitüre durch ein Sieb streichen und erwärmen. Cakes aus der Form nehmen, mit der warmen Aprikosenkonfitüre einstreichen und abkühlen lassen. Für die Lollipops die Kuvertüre im Wasserbad schmelzen. Je eine Praline auf einen Holzspieß stecken und durch die flüssige Kuvertüre ziehen. Kurz warten, bis die Kuvertüre leicht erkaltet ist, dann mit den bunten Zucker-Mimosen rundherum dekorieren. Spieße auf die Cupcakes stecken.

Herbst

Liebevoller Stil
Auf dem malvenfarbenen Glasgeschirr im Retro-Stil liegen bedruckte „Abc-Servietten", kleine Schultüten und Holztäfelchen mit Namen als Tellerdekoration.

Papeterie
Der freundlichen Einladung mit Zuckertüte werden die Gäste des Schuldkindes sicher gern nachkommen.
Die Schultüte gibt es als DIY-Set zum Selberbasteln (chamue über DaWanda.com).

Geschenke aus der Schultüte
Süße, verspielte und nützliche Dinge zählen zu den klassischen Gaben für den Schulanfang, etwa individuelle Radiergummis aus dem Schreibwarengeschäft, Zuckerperlenketten (Butlers) und — weniger für die Schultüte geeignet — ein eigenes Geschirr (Children's Safari von Maxwell & Williams).

Nach der Arbeit der Genuss
Sonnenwarm liegen die frisch
geernteten Früchte im Korb.
Ein wunderbarer Anlass, dies
mit einem kleinen Picknick
und feinen Apfel-Spezialitäten
unter freiem Himmel zu feiern.

Apfel-Picknick
AUF DER GRÜNEN WIESE

Die milde Schönheit eines Spätsommertages lässt sich bei einem kleinen Erntefest wunderbar genießen.

Sanft und golden lässt das Licht der Septembersonne die Natur erscheinen. Erhaben stehen die Apfelbäume da. Fast könnte man meinen, sie blicken mit einem gewissen Stolz auf all die gefüllten Körbe herab. Frisch gepflückt liegen darin ihre fruchtigen Gaben.

Zufrieden sind auch die Besitzer der Apfelbäume, denn schließlich hat das gemeinsame Pflücken viel Spaß gemacht und einen guten Ertrag gebracht. Als Dank an die helfenden Freunde wird ein Picknick direkt vor Ort veranstaltet. Natürlich spielen bei den dargereichten Köstlichkeiten Äpfel eine wichtige Rolle. Neben frisch gebackenem Kuchen und Beignets schmücken gedörrte Apfelscheiben die Gläser. Die dekorativen Scheiben sind ganz einfach herzustellen: Nach dem gründlichen Waschen werden die Äpfel in dünne Scheiben geschnitten. Dann legt man sie auf ein mit Backpapier ausgelegtes Blech. Im Ofen trocknen sie am besten bei maximal 80 Grad. Die Ofentür dabei leicht geöffnet lassen. Ab und an wenden. Nach 2 bis 3 Stunden haben sie die gewünschte Konsistenz. Lassen Sie die Apfelscheiben gut auskühlen. Mit prickelndem Cidre übergossen sind sie eine dekorative Erfrischung.

Dazu könnte der Gastgeber als kleines Entrée auch feine Zimtstückchen reichen. Ihr Geschmack harmoniert wunderbar mit dem fruchtigen Cidre-Aroma. Entrinden Sie dafür Weißbrot und schneiden es in schmale Streifen. Diese mit Butter und Zimtzucker bestreichen und im Ofen bei mittlerer Hitze rösten. In Apfelbrei gestippt schmecken sie ganz besonders.

Nachdem auch die letzte Frucht vom Baum gepflückt wurde, lässt sich die muntere Gesellschaft ungezwungen auf der Picknickdecke nieder oder sucht sich ein Kissenplätzchen im Gras. Die getane Arbeit, die frische Luft und die fröhliche Gemeinschaft regen den Appetit an und so greift ein jeder gern beim vorbereiteten Picknick zu.

APFELKUCHEN

Zutaten für ca. 12 Stück:

Für den Teig:
300 g Mehl
100 g Zucker
180 g kalte Butter
1 Ei
1 EL kalte Milch

Für den Belag:
50 g Rosinen
1 EL Apfelsaft
1 EL Rum
1 kg gestückelte Äpfel (z. B. Boskoop)
40 g gehackte Mandeln
1 EL Zitronensaft
80 g brauner Zucker
1 TL Zimt

Zubereitung: Mehl und Zucker in eine Schüssel geben. Kalte, in Stücke gehackte Butter untermischen. Die Zutaten rasch zu einer krümeligen Masse vermengen. Ei und kalte Milch einrühren. Alles schnell zu einem glatten Teig verarbeiten. Den Teig zur Kugel formen und in Frischhaltefolie 1 Std. kalt stellen. Den Backofen auf 180 Grad vorheizen. Rosinen in Apfelsaft und Rum 10 Min. quellen lassen. Rosinen in einem Sieb abtropfen lassen. Apfelstücke in einer Schüssel mit Mandeln, Zitronensaft, braunem Zucker, Zimt und Rosinen vermengen. Den Teig teilen und mit der einen Hälfte eine eingefettete Springform (Ø 26 cm) auskleiden. Mehrmals den Teigboden mit einer Gabel einstechen. Die Apfelmischung darauf verteilen. Restlichen Teig auf einer bemehlten Fläche ausrollen und in ca. 1,5 cm breite Streifen teilen. Teigstreifen gitterförmig auf den Kuchen legen. Im Backofen ca. 40 Min. backen.

APFEL-ZIMT-TARTE

Zutaten für ca. 9 Stück:

Für den Teig:
225 g Mehl
75 g Zucker
1 Prise Salz
1 Ei
140 g Butter

Für den Belag:
3 – 4 Äpfel (z. B. Boskoop)
3 EL Zitronensaft
1 TL Gewürznelken
1 – 2 EL zerlassene Butter
1 ½ EL Zimtzucker

Zubereitung: Das Mehl mit Zucker und Salz mischen. Auf die Arbeitsfläche häufeln, in die Mitte eine Mulde drücken, das Ei hineinschlagen und die Butter in Flöckchen um die Mulde herum verteilen. Alles rasch mit den Händen zu einem glatten Teig verkneten, zu einer Kugel formen und in Frischhaltefolie gewickelt für 30 Min. in den Kühlschrank legen. Den Backofen auf 180 Grad vorheizen. Äpfel waschen, vierteln, Kerngehäuse entfernen und in schmale Spalten schneiden. Sofort mit dem Zitronensaft mischen. Den Teig auf bemehlter Arbeitsfläche etwas größer als die Form ausrollen und die gebutterte Tarteform damit auskleiden. Dabei einen Rand formen. Die Apfelspalten darauf verteilen und mit zerlassener Butter beträufeln. Mit Nelken sowie Zimtzucker bestreuen und ca. 30 Min. backen. Herausnehmen und lauwarm oder kalt in Stücke geschnitten servieren.

APFEL-BEIGNETS

Zutaten für 4 Personen:

2 Eier	Salz
200 g Mehl	1 EL Zucker
300 ml trockener Weißwein	3 säuerliche Äpfel
2 EL zerlassene Butter	Fett zum Frittieren
1 Msp. Vanillemark	Puderzucker

Zubereitung: Die Eier trennen. Das Mehl zusammen mit dem Weißwein in einer Schüssel zu einem glatten Teig verrühren. Die Eigelbe, Butter und das Vanillemark unterrühren. Das Eiweiß mit 1 Prise Salz steif schlagen, dabei den Zucker langsam einrieseln lassen. Eischnee vorsichtig unter den Weinteig heben. Fett in der Fritteuse (oder einem Topf) auf etwa 170 Grad erhitzen. Die Äpfel schälen und das Kerngehäuse herausstechen. Die Äpfel in etwa 1 cm dicke Scheiben schneiden und die Ringe nacheinander durch den Ausbackteig ziehen. Dabei etwas abtropfen lassen. Im heißen Frittierfett 2 – 3 Min. goldbraun ausbacken, dabei einmal wenden. Die gebackenen Apfelringe auf Küchenkrepp abtropfen lassen und mit Puderzucker bestäubt servieren.

TRIFLE MIT MASCARPONE

Zutaten für 4 Personen:

- 1 Apfel
- 1 EL Zitronensaft
- 1 TL Honig
- 6 EL grob zerbröselte Amarettini
- 200 g Mascarpone
- 100 ml Sahne
- 1 Pck. Vanillezucker
- 1 Prise Zimt
- 1 Prise Kardamom

Zubereitung: Den Apfel waschen und vierteln. Kerngehäuse entfernen und Fruchtfleisch sehr klein würfeln. Apfelstückchen mit Zitronensaft und Honig in einen Topf geben. Zugedeckt kurz aufkochen lassen. Vom Herd nehmen und abkühlen lassen. 5 EL der zerbröselten Amarettini mit den Apfelwürfeln vermengen. Die Mascarpone mit Sahne, Vanillezucker, Zimt und Kardamom ca. 5 Min. zu einer Creme aufschlagen. Etwa 1 EL Apfelwürfel mit Keksbrösel für die Dekoration zur Seite stellen. Die restlichen abwechselnd mit der Mascarpone-Creme in die Gläser füllen. Die Gläser ca. 30 Min. im Kühlschrank ziehen lassen. Dann mit den zur Seite gestellten Apfelwürfeln und den zerbröselten übrigen Amarettini garniert servieren.

Stimmungsvolles Ensemble
Ein Kranz aus Moos, Tannenzapfen und Lorbeerblättern schmückt den Gartentisch. Sehr filigran wirkt dabei der dünne Golddraht, der dem Ganzen ein wenig Glanz verleiht. Farblich zur Kerze passend, wurde das Windlicht mit Kaffeepulver gefüllt.

ZAUBER DER SANFTEN
Farben

Bevor die Natur ihren Winterschlaf hält, hat sie uns noch einiges zu bieten: Natürlichkeit ist jetzt Trumpf. Lassen Sie sich überraschen, wie fabelhaft es sich beispielsweise mit Moos und Tannenzapfen dekorieren lässt und wie aus kulinarischen Herbstschätzen herrlich wärmende, köstliche Suppen entstehen.

Es ist diese besondere Zeit, wenn das Leuchten des Herbstes allmählich erloschen ist und der Winter vor der Tür steht. Die Farben sind gedeckt und es fehlt noch das Funkeln und Glitzern der nahenden Adventszeit. Ein wenig melancholisch wirkt jetzt der Garten, die Terrasse ist verwaist und erinnert kaum noch an die sommerliche Fülle. Doch geben Sie der jahreszeitlichen Tristesse keine Chance, auch diese Wochen haben ihren Reiz: Es ist wie ein Innehalten, eine Atempause, bevor der geschäftige Trubel der Vorweihnachtszeit beginnt. Und die Natur hat auch jetzt eine Fülle an Zauberhaftem zu bieten, womit wir Haus und Garten aufs Schönste schmücken können. Es dominieren nun die natürlichen Grün- und Brauntöne, die, mit passenden Accessoires stilvoll kombiniert, sehr edel wirken. Mit Moos und Tannen- oder Fichtenzapfen, Eichenlaub und Buchs beispielsweise zaubern Sie mit etwas Geschick im Handumdrehen attraktive Arrangements. (Verwenden Sie dazu jedoch möglichst Moos aus dem eigenen Garten oder kaufen Sie die Moospolster beim Floristen.) Sicher haben Sie darüber hinaus das eine oder andere Lieblingsstück, einen alten Korb vom Flohmarkt, eine Steinbüste oder einen besonders schönen Terrakottatopf, der das spätherbstliche Stillleben komplettiert. Ein wenig Stroh und getrocknete Zweige ergänzen das stimmungsvolle Bild, rote Äpfel setzen leuchtende Akzente. Vielleicht nehmen Sie sich in diesen Tagen auch mal Zeit für einen ausgedehnten Waldspaziergang. Dabei findet sich vieles, was sich zum Dekorieren eignet: Zapfen, knorrige Äste, die stacheligen Schalen von Esskastanien, Fruchtstände der wilden Clematis. Genießen Sie den leicht modrigen Geruch von Erde und Laub. Der Wald bereitet sich allmählich auf den Winterschlaf vor. Sollte angesichts dieser Stimmung doch ein wenig Wehmut aufkommen, tröstet der Gedanke an einen gemütlichen Abend vor dem prasselnden Kaminfeuer und eine Tasse dampfend heißer Suppe.

KASTANIENSUPPE MIT CRÈME FRAÎCHE

Zutaten für 4 – 6 Personen:

500 g frische Esskastanien (in der Schale)
1 kleine Karotte
1 Kartoffel
50 g Staudensellerie
100 g Zwiebel
20 g Butter
150 ml Weißwein
850 ml Gemüsebrühe
Salz, Pfeffer, Muskat
1 Prise Zucker
1 cl Cognac
100 ml Crème fraîche
1 EL gehackte Petersilie

Zubereitung: Die Kastanienschalen mit einem kleinen, scharfen Küchenmesser kreuzweise einritzen, ohne in das Fruchtfleisch zu schneiden. Kastanien in eine feuerfeste Form geben und im vorgeheizten Ofen bei 220 Grad ca. 15 Min. backen. Die aufgesprungenen Schalen der noch heißen Kastanien entfernen. Karotte, Kartoffel, Sellerie und Zwiebel putzen und schälen und alles klein schneiden. Die Butter in einem entsprechend großen Topf erhitzen, das Gemüse darin anschwitzen, Kastanien zugeben, mit dem Weißwein ablöschen, Brühe angießen. Mit Salz Pfeffer, Muskat, Zucker und Cognac abschmecken und ca. 20 – 25 Min. leise köcheln lassen. Mit dem Pürierstab fein pürieren. Nochmals abschmecken und in Tassen anrichten. Jeweils etwas Crème fraîche daraufgeben und mit Petersilie bestreuen.

GEMÜSECREMESUPPE

Zutaten für 4 Personen:

500 g mehligkochende Kartoffeln
1 Stange Lauch
80 g Zwiebeln
1 EL Olivenöl
800 ml Gemüsebrühe
100 ml Sahne
1 EL frisch gehackte Petersilie
Meersalz
1 Prise Muskat
grob gemahlener Pfeffer

Zubereitung: Die Kartoffeln waschen, schälen, fein würfeln. Den Lauch putzen, Enden abschneiden, längs halbieren, waschen und das Weiße und Hellgrüne in Streifen schneiden. Die Zwiebeln fein würfeln und in einem ½ EL Olivenöl glasig dünsten, Lauch und Kartoffeln zugeben und mit der Gemüsebrühe aufgießen. Bei schwacher Hitze ca. 20 Min. kochen. Topf vom Herd nehmen. Nach Belieben einige EL Kartoffeln beiseitestellen und die restliche Suppe mit einem Mixstab pürieren. Sahne einrühren und Kartoffelstücke zugeben, salzen und einmal aufkochen lassen. Petersilie waschen, Blätter abzupfen und grob hacken. Suppe auf Schälchen oder Suppentassen verteilen, mit Petersilie bestreuen, mit Pfeffer übermahlen, Muskat einrühren (sparsam) und mit dem restlichen Öl beträufeln.

PILZCREMESUPPE

Zutaten für 4 Personen:

100 g Champignons
100 g Shiitakepilze
1 Zwiebel
2 Knoblauchzehen
3 EL Butter
2 EL Mehl
800 ml Geflügelbrühe
100 ml Sahne
4 cl trockener Sherry
2 EL Crème fraîche
Muskat, gemahlen
Salz, Pfeffer aus der Mühle
Petersilienblätter für die Garnitur

Zubereitung: Champignons und Shiitakepilze putzen und in Scheiben schneiden. Zwiebel und Knoblauch schälen und fein hacken. In heißer Butter anschwitzen. Pilze zugeben und anbraten. Mit Mehl bestäuben und mit der Brühe ablöschen. Unter gelegentlichem Rühren ca. 20 Min. köcheln lassen. Dann einige Shiitakepilze als Einlage herausnehmen und die Suppe fein pürieren. Sahne, Sherry und Crème fraîche zugeben, aufkochen und mit Salz, Muskat und Pfeffer abschmecken. In vorgewärmte Suppenschüsseln füllen und die beiseitegelegten Pilze darauflegen. Mit Petersilie garniert servieren. Nach Belieben Käsegebäck dazu reichen.

KÜRBIS-APFEL-SUPPE MIT INGWER

Zutaten für 4 Personen:

350 g Hokkaido-Kürbis
100 g geraspelter Apfel
600 ml Gemüsebrühe
Salz
1 TL frisch geriebener Ingwer
50 ml Schlagsahne (30 % Fett)
1 Prise Paprikapulver

Zubereitung: Kürbis halbieren, Kerne entfernen und in Würfel schneiden. Den Apfel mit Schale fein raspeln. Den Kürbis mit der Gemüsebrühe kochen, bis er weich ist, dann pürieren. Die Suppe in Schälchen füllen, salzen und mit frisch geriebenem Ingwer würzen, die Apfelraspel unterrühren und mit der Sahne garnieren (oder mit geschlagener Sahne kleine Häubchen auf die Suppe setzen). Zuletzt mit etwas Paprikapulver bestäuben.

Tipp: Hokkaido-Kürbis muss nicht geschält werden. Sowohl beim Kochen wie beim Backen wird die Schale weich. Sein festes, orangefarbenes Fruchtfleisch, dessen feines nussartiges Aroma süße und herzhafte Gerichte bereichert, enthält weniger Wasser und mehr Nährstoffe als das seiner Verwandten.

Atemlose Stille
Der Duft von Pferd und Leder liegt in der Luft, die Vorbereitungen sind getroffen, alles wartet gespannt auf den Klang des Jagdhorns, das zum Streifzug durch den Herbstwald ruft.

MALERISCHE OPULENZ
Oktoberwonnen

Der Lichtzauber von gefärbtem Laub und der Glanz von Glas und Tafelsilber vereinigen sich zu einem würdigen Rahmen für die kulinarischen Delikatessen der Herbstsaison.

Wenn der Herbst einlädt, sind wir jedes Mal überwältigt von seinen opulenten Stimmungsbildern und satten Farben. Die Einladung steht unter dem Motto „Nach der Jagd", und wie es scheint, hat er sich wieder einmal selbst übertroffen und verwöhnt uns mit herrlichen Köstlichkeiten und traumhaften Naturimpressionen. Als Vorspeise gibt es eine Pilztarte, deren Duft uns in die rauchige Waldlichtung versetzt, in der köstliche Pfifferlinge, Steinpilze und Maronen sich unter dichten Laubdecken so gut tarnen, dass die Jagd zur Schatzsuche wird. Ein edler Rotwein, der auch den Hauptgang begleitet, funkelt im Glas und delikate Wildgerichte mit ihren einzigartigen Aromen verführen zum Genuss.

Selbst bei der Dekoration ist der Herbst ein Meister. Girlanden und Kränze aus Herbstfunden erheben Suppenschüsseln und Saucieren zum Mittelpunkt floraler Prachtentfaltung. Zieräpfel, Weintrauben und goldene Birnen leuchten in den Gebinden, dazwischen tummeln sich die Koboldgesichter von Stiefmütterchen und samtige Rosenmajestäten. Was für eine Vielfalt! Für den, der gern arrangiert, ein Quell der Faszination: all die Farben, Formen, Strukturen – und alles passt! Auch Liebhaber dezenter Ton-in-Ton-Kompositionen müssen staunend anerkennen, dass der Herbst sogar intensiv leuchtende Farben mit einem solchen Zauber versieht, dass sie fast vorbehaltlos miteinander harmonieren. Selbst bei Kerzenschein, wenn das kulinarische Beisammensein gemütlich ausklingt, scheinen sie nichts von ihrer Strahlkraft zu verlieren.

Feldhühner
Federwild wie Rebhuhn und Wachtel waren einst ein häufiger Anblick in Feld und Flur, heute gelten sie als gefährdet und stammen meist aus Züchtungen.

FESTESSEN FÜR DEN HERBST
Wildes Geflügel

Als ehemals aristokratische Speise ist das feine Federwild besonderen Gelegenheiten vorbehalten.

Sie sind scheu, flink und in freier Natur nur mit sehr viel Glück anzutreffen. Einst bevölkerte das Federwild zahlreich Feld und Flur, doch die illustre Familie der Hühnervögel ist in heimischen Revieren selten geworden. Einzig Wildenten und Fasane bekommen aufmerksame Spaziergänger noch öfters zu Gesicht. Im Handel angebotenes Wildgeflügel stammt heute überwiegend aus privater Zucht. Immerhin gelten Rebhuhn, Fasan, Perlhuhn und Wachtel als Delikatesse, weil ihrem zarten Fleisch der gute Geschmack noch nicht abhanden gekommen ist. Aus der Idee der Fasanerien, ehemals dafür bestimmt, das Federwild für herrschaftliche Jagden zu stellen, sind heute Gehege und Aufzuchtstation für Wildgeflügel geworden. Die Zucht hat eine lange Tradition. Bereits die Römer hielten sich Fasane wegen ihres prachtvollen Äußeren, den kulinarischen Wert der Vögel erkannte man erst viel später. Federwild hat selbst im Zuchtgehege ein vergleichsweise schönes Hühnerleben und kann sich viel von seinem ursprünglichen Charakter bewahren. Das Gelände ist weitläufig und den Gewohnheiten der Tiere angepasst. Diese aufwendige Hege hat ihren Preis und noch immer den Status des Besonderen. Vielleicht haben Sie einen Wild- und Geflügelhändler in ihrer Nähe? Bei uns ist der Fasan neben Perlhuhn und Wildente das am häufigsten angebotene Geflügel. In Frankreich hat die Wachtelzucht Tradition, die kleine Schwester des Rebhuhns ist mit ihren Eiern ein Sinnbild der feinen Küche. Die feine Mischung von Wild- und Geflügelaroma macht bei allen Arten den besonderen Reiz aus. Appetitlich gefüllt und in Butter gebraten oder in einer kräftigen Soße geschmort, bleibt das Fleisch wunderbar saftig. Auch ein Speckmantel schützt das fettarme Geflügel in der Ofenhitze vor dem Austrocknen. Am einfachsten garen Brust und Keule in einem geschlossenen Bräter, während des Bratens können Sie das Geflügel mit Fond oder Öl einpinseln, so gelingt auch die Haut goldbraun und appetitlich. Für alle Geflügelarten gilt: Je jünger die Tiere sind, desto zarter ist ihr Fleisch. Der Händler Ihres Vertrauens wird Ihnen das Geflügel küchenfertig vorbereiten, denn rupfen und ausnehmen ist nicht jedermanns Sache. Um die Folgen des Festessens braucht sich niemand Sorgen zu machen. Im Vergleich zur klassischen Gans ist der Braten von Perlhuhn und Wachtel ein geradezu schlanker und gesunder Herbstgenuss.

GEFÜLLTES PERLHUHN

Zutaten für 4 Personen:

1 Brötchen vom Vortag
4 rohe Schweinsbratwürste
1 TL Thymianblättchen
Salz, Pfeffer
1 Perlhuhn (küchenfertig, entbeint)
12 Dörrpflaumen
2 EL Olivenöl
200 ml Weißwein
2 Rosmarinzweige
200 ml Hühnerfond
4 cl weißer Portwein

Zubereitung: Backofen auf 180 Grad vorheizen. Brötchen in etwas Wasser einweichen. Wurstbrät aus der Haut in eine Schüssel geben. Ausgedrücktes Brötchen und Thymian unterkneten, mit Salz und Pfeffer würzen. Am Rücken aufgeschnittenes Perlhuhn mit der Haut nach unten ausbreiten. Füllung daraufstreichen und mit 8 Pflaumen belegen. Einrollen und mit Küchengarn binden. In einem Bräter in heißem Öl von allen Seiten anbraten. Mit Wein ablöschen und Rosmarin, sowie restliche Pflaumen zugeben. Im vorgeheizten Ofen 40–50 Min. schmoren lassen. Dabei nach und nach Fond angießen und das Fleisch mehrmals mit der Soße übergießen. Zum Schluss mit Portwein, Salz und Pfeffer abschmecken und das Perlhuhn (Küchengarn entfernt) in Scheiben geschnitten mit der Soße servieren.

WILDENTENCURRY

Zutaten für 4 Personen:

600 g Wildentenbrust (küchenfertig, mit Fettschicht)
Salz, Pfeffer aus der Mühle
150 g Blattspinat
250 g Zuckerschoten
3 Knoblauchzehen
2 cm frischer Ingwer
1 Prise gemahlener Zimt
je 1 Prise Cayennepfeffer und gemahlener Koriander
½ TL Bockshornklee (zerstoßen)
½ TL Kurkuma
6 zerstoßene Curryblätter
1 Prise Senfpulver
200 ml Entenfond
150 ml Kokosmilch
2–3 EL Sojasoße
ca. 2 EL Limettensaft

Zubereitung: Entenbrust waschen, trocken tupfen und die Haut rautenförmig einschneiden. Salzen, pfeffern und mit der Hautseite nach unten in einer heißen Pfanne ohne Öl goldbraun braten. Fleisch wenden und weitere 2–3 Min. braten. Herausnehmen, abkühlen lassen und in mundgerechte Stücke schneiden. Spinat waschen, verlesen, putzen und trocken schleudern. Zuckerschoten ebenfalls waschen und putzen. Knoblauch abziehen und in schmale Scheiben schneiden. Ingwer schälen und fein hacken. Knoblauch mit Ingwer in der Entenpfanne goldgelb braten, Gewürze zugeben und kurz mitbraten. Zuckerschoten und Spinat zugeben und mit Fond und Kokosmilch ablöschen. Bei mittlerer Hitze 5–8 Min. köcheln lassen. Entenfleisch wieder einlegen und mit Sojasoße und Limettensaft abschmecken. In Schälchen angerichtet servieren.

GEFÜLLTE WACHTELN AUF ROSENKOHL

Zutaten für 4 Personen:

4 Wachteln (küchenfertig, ausgenommen)
Salz, Pfeffer aus der Mühle

Füllung:
1 Zwiebel
1 kleiner Apfel
2 EL Butter
2 Scheiben Toastbrot
1 EL Zitronensaft
1 TL frisch gehackter Rosmarin
Olivenöl

Außerdem:
je 300 g roter und grüner Rosenkohl
200 g Schalotten
150 ml trockener Rotwein
250 ml Geflügelfond
2 EL flüssige Butter
frisch geriebener Muskat
Rosmarin als Garnitur

Zubereitung: Den Backofen auf 200 Grad vorheizen. Die Wachteln waschen, trocken tupfen, innen und außen salzen und pfeffern. Zwiebel und Apfel für die Füllung schälen und in kleine Würfel schneiden und diese in 1 EL Butter andünsten. Auskühlen lassen. Toastbrot entrinden, in Würfel schneiden und in der restlichen Butter anrösten. Mit der Apfel-Zwiebel-Masse mischen und mit Zitronensaft, Rosmarin, Salz und Pfeffer würzen. Die Füllung in die Wachteln geben und diese nach Belieben in Form binden. Mit Öl einstreichen und in eine gefettete Bratreine geben. Im vorgeheizten Backofen 25–30 Min. braten, dabei mehrfach mit Öl oder Butter bestreichen. Zwischenzeitlich den Rosenkohl putzen, waschen und in kochendem Salzwasser 10–15 Min. garen. Abgießen und abtropfen lassen. Die Schalotten abziehen. Die Wachteln aus dem Bräter nehmen, warm halten und die Schalotten in dem Bratensatz kurz anschwitzen. Mit dem Rotwein und Fond ablöschen, auf die Hälfte einreduzieren lassen und abschmecken. Den Rosenkohl halbieren und kurz in zerlassener Butter schwenken. Mit Salz, Pfeffer und Muskat würzen. Die Wachteln auf einer Platte anrichten, den Rosenkohl und die Schalotten drumherum verteilen und die Soße separat dazu reichen. Mit Rosmarin garniert servieren.

Herbst

Begleiter zum Wildgeflügel

Etwas Bratensatz mit Rot- oder Portwein ablöschen und einreduzieren lassen – so entstehen die herrlichsten Soßen. Preiselbeeren, Pfifferlinge oder Wacholderbeeren sind klassische Begleiter.

Rotkohl als Beilage

Er wird in feine Streifen gehobelt und mit wenig Salz gut durchgeknetet. Trockener Rotwein und klassische Gewürze wie Zimt, Lorbeer und Nelken runden das Aroma ab. Ein paar Stückchen Zartbitterschokolade schenken einen feinen Schmelz.

Sanftes Feuerwerk
Die warmen Farben der Erntezeit bitten uns ein letztes Mal zum Essen ins Freie. Hier finden sich noch vielfältige Zutaten und Dekorationselemente für unser Herbstmenü.

HEISSES FÜR DEN *Herbst*

Aromatische Schwergewichte erwarten uns im Bauerngarten. Aus Kürbis und Maronen kochen wir ein feines Menü.

Bunte Blätter fegen über das Land, auch in der Küche ist es Herbst geworden. Der Bauerngarten bereitet sich langsam auf seinen Winterschlaf vor, viele kleine Dinge scheinen die Tage zu verzaubern. Nun werden mit den Kürbissen die gewichtigsten Früchte der Saison geerntet. Auf Märkten und im Garten leuchten uns die gemütlichen Gesellen schon von Weitem entgegen. Ihre warmen Grün- und Orangetöne versprechen samtig süße Gaumenfreuden. Ganz unangestrengt übernimmt diese facettenreiche Familie nun die Hauptrolle, dabei harmonieren die überdimensionierten Beerenfrüchte perfekt mit anderen Zutaten der Saison. Maronen, Zwiebeln und selbst vorweihnachtlich anmutende Gewürze wie Zimt, Ingwer und Piment passen überraschend gut zu ihrem Aroma. In Amerika etwa liebt man besonders die süße Variante, Pumpkin Pie, als praktische Verwertung für das gleich kiloweise übrig bleibende Fruchtfleisch der kunstvoll geschnitzten Halloween-Kürbisse. Raffiniert verfeinert kann aber auch ein deftiger Eintopf viel mehr sein als Hausmannskost, besonders wenn diese Gerichte dampfend heiß in der eigenen bildschönen Schale serviert werden. Auch ein im Ganzen geschmorter Kürbis gehört an Novembertagen zum beliebten Repertoire. Er bereitet kaum Mühe, weil der Ofen einen Großteil der Arbeit übernimmt, wenn sich seine Aromen in der Hitze wie von Zauberhand zu einem köstlichen Ganzen verbinden.

Der eigene Herd wird in diesen Tagen nicht selten zum Mittelpunkt des Hauses, weil immer neue verführerische Düfte hier ihren Ursprung haben und mit seiner Wärme ein Stückchen heile Welt und Gefühle der Geborgenheit verknüpft sind, die tröstlich wirken wie eine warme Wolldecke. Genuss braucht Zeit und so warten wir gern auf den nächsten Gang und geraten zwischen buntem Herbstlaub und flackernden Windlichtern über so manche Kreation ins Schwärmen.

SALAT MIT SESAMKÜRBIS

Zutaten für 4 Personen:

Für das Dressing:
4 EL weißer Balsamessig
2 TL Senf
2 TL Honig
4 EL Sesamöl
2 EL Kürbiskernöl
1 Knoblauchzehe
Salz, Pfeffer

Für den Salat:
100 g Radicchio
½ Friséesalat
2 Stangen Staudensellerie
1 Gartengurke
1 rote Zwiebel
150 g kernlose Weintrauben
400 g Hokkaido-Kürbis
50 g geschälte Sesamsamen
4 EL Sesamöl
2 EL frisch gepresster Zitronensaft
2 Msp. gemahlener Koriander
Salz, Pfeffer aus der Mühle

Zubereitung: Essig, Senf und Honig für das Dressing verrühren. Sesam- und Kürbiskernöl nach und nach unterrühren. Knoblauch schälen und dazu pressen. Mit Salz und Pfeffer würzen. Radicchio waschen, den harten Strunk entfernen und die Blätter in feine Streifen schneiden. Friséesalat waschen, trocken schleudern und klein zupfen. Staudensellerie waschen, putzen und schräg in dünne Scheiben schneiden. Gartengurke waschen und in feine Scheiben schneiden. Zwiebel schälen und in feine Ringe schneiden. Die Trauben waschen, trocken tupfen und nach Belieben halbieren. Kürbis waschen, putzen, entkernen und in etwa 1 cm dicke Spalten schneiden. Sesam in der Pfanne ohne Öl hellbraun rösten. Eine zweite Pfanne auf den Herd stellen. Sesamöl in beiden Pfannen erhitzen. Kürbisspalten von beiden Seiten bei mittlerer Hitze 4 – 5 Min. anbraten. Mit Zitronensaft ablöschen. Den Sesam hinzufügen, mit Koriander würzen und 1 – 2 Min. weiterbraten. Mit Salz und Pfeffer würzen. Radicchio, Friséesalat, Gurkenscheiben, Zwiebelringe, Staudensellerie und Weintrauben mit dem Dressing mischen und auf Teller verteilen. Die Kürbisspalten darauf anrichten und sofort servieren.

GEBACKENE KÜRBISSPALTEN MIT ROSMARIN

Zutaten für 4 Personen:

1,2 kg Hokkaido-Kürbis ohne Kerne
3 rote Zwiebeln
140 g Halloumi-Käse
2 Zweige Rosmarin
6 EL Olivenöl
100 ml Gemüsebrühe
Salz, Pfeffer aus der Mühle

Zubereitung: Hokkaido-Kürbis waschen und in daumendicke Spalten schneiden. Backofen auf 200 Grad vorheizen. Die Zwiebeln schälen und in große Stücke schneiden, den Halloumi-Käse würfeln oder zerpflücken. Rosmarin waschen und in kleinere Stücke schneiden. Kürbisspalten, Zwiebeln und Käse in eine Auflaufform oder einen Bräter geben und den Rosmarin darüber verteilen. Mit Salz und Pfeffer aus der Mühle würzen, das Olivenöl großzügig darüberträufeln und die Gemüsebrühe angießen. Für 30 – 35 Min. im vorgeheizten Ofen garen, bis der Käse Farbe annimmt und der Kürbis sich leicht einstechen lässt.

KÜRBISBROT MIT SPECK

Zutaten für 1 Kastenform von ca. 1,5 l:

500 g Hokkaido-Kürbisfleisch
80 g Speckwürfel
2 TL Salz
80 g Butter
800 g Mehl
10 EL lauwarme Milch
42 g Hefe (1 Würfel)
1 TL Zucker
Butter für die Form
Rosmarin als Garnitur nach Bedarf

Zubereitung: Kürbisfleisch würfeln und in 50 ml Wasser auf kleiner Hitze weich kochen. Speckwürfel in einer trockenen Pfanne rösten. Kürbiswürfel ohne Wasser pürieren. Salz und Butter hineinrühren. Mehl in eine Schüssel sieben, in der Mitte eine Mulde formen. Lauwarme Milch mit Hefe und Zucker verrühren und in die Mulde geben. Mit Mehl bestäuben und 10 Min. gehen lassen. Kürbismus und den Speck in die Schüssel füllen und alles zusammen zu einem Teig verkneten. Mit einem Tuch bedecken und 45 Min. gehen lassen. Backofen auf 200 Grad vorheizen und die Kastenform buttern. Teig in die Form geben und nochmals 20 Min. gehen lassen. Kürbisbrot im vorgeheizten Ofen zunächst 20 Min. backen. Dann auf 150 Grad herunterschalten und in etwa 90 Min. fertig backen.

Unkompliziert
Halloumi-Käse und Rosmarin sind Partner, wie sie sich der Hokkaido-Kürbis passender kaum wünschen könnte. Die beiden entlocken ihm im Ofen geradezu südliche Aromen.

Ungekünstelte Charakterdarsteller
Kürbisse in Kleinformat sind zusammen mit Hagebuttenzweigen und Teelichtern Teil der Tafeldekoration. Auf Bauernmärkten werden die Minikürbisse (hier Jack Be Little) angeboten. Sie sehen nicht nur hübsch aus, sondern lassen sich auch zubereiten und fein füllen, sodass sie am Ende doch auf dem Teller landen.

Rindfleischtopf
mit Maronen und Zimt

Die Geheimnisse der Hausmannskost

RINDFLEISCHTOPF MIT MARONEN UND ZIMT

Zutaten für 4 Personen:

750 g Rindernacken
4 EL Sonnenblumenöl
Salz, Pfeffer aus der Mühle
je ½ TL Kreuzkümmelpulver
und Korianderpulver
700 ml Fleischbrühe
1 Dose Kichererbsen (850 ml)
200 g blanchierte Maronen
2 Zimtstangen
300 g Hokkaido-Fruchtfleisch
2 EL Honig

Zubereitung: Fleisch in kleine Würfel schneiden und in einem großen Topf in Sonnenblumenöl anbraten. Mit Salz, Pfeffer aus der Mühle, Kreuzkümmel und Koriander würzen, die Gewürze kurz mit anbraten. Mit Fleischbrühe ablöschen und zugedeckt für 30 Min. kochen lassen. Öfter umrühren. Kichererbsen durch ein Sieb abgießen, abspülen und zusammen mit den Maronen in den Topf geben. Zimt hinzufügen. Weitere 20 Min. kochen, in der Zwischenzeit das Kürbisfruchtfleisch würfeln und für weitere 10 Min. mit in den Topf geben. Nach Bedarf etwas Wasser zugießen. Ohne Deckel fertig kochen. Mit Salz, Pfeffer und Honig abschmecken.

GEFÜLLTER KÜRBIS

Zutaten für 4 Personen:

1 Speisekürbis
(z. B. Buttercup squash oder
Kabocha, ca. 3 kg)
1 Aubergine
2 Zwiebeln
2 Möhren
2 Knoblauchzehen
2 EL Butter
1 TL frisch geriebener Ingwer
1 TL Currypulver
Salz, Pfeffer aus der Mühle
ca. 400 ml Gemüsebrühe

Zubereitung: Ofen auf 200 Grad (Umluft) vorheizen. Einen Deckel vom Kürbis abschneiden, Kerne mit den Fasern herauslösen. Fleisch mit einem Löffel herausschaben, dabei eine ca. 2 cm dicke Wand stehen lassen. Fruchtfleisch würfeln. Aubergine waschen, putzen, längs halbieren und in Scheiben schneiden. Möhren und Zwiebeln schälen und stifteln bzw. hacken. Knoblauch schälen und zusammen mit dem vorbereiteten Gemüse und Ingwer in heißer Butter 2–3 Min. anschwitzen. Curry untermengen, salzen, pfeffern und mit der Brühe ablöschen. Etwa 5 Min. köcheln lassen und abschmecken. In den Kürbis füllen, den Deckel aufsetzen und auf ein mit Alufolie belegtes Backblech setzen. Anschließend im Ofen 30–40 Min. backen, bis der Kürbis weich ist.

KÜRBISRISOTTO

Zutaten für 4 Personen:

275 g Risottoreis (Rundkornreis)
1 Zwiebel (fein gewürfelt)
3 EL Olivenöl
100 ml trockener Weißwein
600 ml Gemüsebrühe
500 g Muskatkürbis
300 ml Apfelsaft
1 Prise Zimtpulver
2 Gewürznelken
Salz, Pfeffer aus der Mühle
6 EL Sahne
60 g geriebener Parmesan

Zubereitung: Reis und Zwiebelwürfel in einem Topf in Olivenöl anschwitzen. Mit Weißwein ablöschen, unter Rühren kochen lassen, bis fast alle Flüssigkeit aufgesogen ist. Brühe angießen, bis der Reis bedeckt ist. Unter ständigem Rühren 15–18 Min. kochen lassen, dabei nach und nach die restliche Brühe dazugießen. Kürbis schälen, entkernen und fein würfeln. Apfelsaft mit Zimt, Nelken und etwas Salz zum Kochen bringen, Kürbiswürfel darin 6–8 Min. bissfest garen. Abgießen und abtropfen lassen. Kurz vor dem Servieren Sahne und Parmesan unter den Risotto rühren und mit Salz und Pfeffer abschmecken, zusammen mit dem Kürbis servieren.

Grün-violettes Farbenspiel
Schlicht und doch sehr wirkungsvoll präsentiert sich dieses Arrangement aus farblich aufeinander abgestimmten Schätzen der Saison. Den stattlichen Kürbis umgibt ein imposanter Kranz aus getrockneten Hortensienblüten, in dem sich die nuancenreichen Schattierungen des lieblichen Erika-Herzens wiederholen.

Selbst gegossene Wachsherzen
und getrocknete Erikablüten harmonieren wunderbar in der mit Wasser gefüllten Metall-Schale.

Herzallerliebst
Im Handumdrehen fertiggestellt, zieht das entzückende Deko-Herz als Tür-, Zaun- oder Fensterschmuck alle Blicke auf sich. Dafür einen Herz-Rohling aus Draht mit Erikazweigen dicht umwickeln.

Hübsch bestickt
Das Muster wird mit braunem, grünem und pinkfarbenem Garn frei Hand im Stiel- und Knötchenstich auf die Bündchen der Socken gestickt. Den Faden dabei locker aufnähen, um die Maschen nicht zusammenzuziehen.

Für kleine Mitbringsel
von Spaziergängen ist diese praktische Umhänge-Tasche aus Tweed wie geschaffen. Ihre Vorderseite ziert ein aufgestickter Heidekraut-Zweig, der durch seine plastische Form wie echt aussieht. Der Trageriemen ist aus dünnem Lederband geflochten.

Ein charmantes Paar
geben die purpurfarbene Fetthennensorte 'Cape Blanco' und die Besenheide ab. In einem hellen Weidekorb untergebracht, gewinnen ihre bereits kräftigen Töne noch mehr an Intensität.

Winter

Festliche Rezepte und Ideen für die
schönste Zeit im Jahr

Geistvoller Trank
Es gibt viele leckere Glühweinvarianten mit einer feinen Auswahl an Ingredienzien wie Zimt, Sternanis oder mit einem Schuss Rum. Nach einem ausgedehnten Spaziergang im Kalten wärmt ein Glas Körper und Seele.

HEREINSPAZIERT ZU
Glühwein & Kuchen

Mit hausgemachten Weihnachtsleckereien und originellen Adventsdekorationen ist man gut gerüstet, wenn Überraschungsgäste auf ein Glas Glühwein vorbeikommen …

Stollen und Glühwein sind ein ewiges Traumpaar, bei dem spätestens Anfang Dezember jeder Widerstand zwecklos ist. Natürlich gibt es sie in allen Variationen zu kaufen – es ist aber deutlich beglückender, lieben Adventsgästen eigene Kreationen auf strahlenden Silberetageren zu offerieren. Je nach Enthusiasmus in der Backstube kann sich die Palette um originelle Köstlichkeiten wie Glühweinsterne, Schokoladenkuchen mit passender Soße oder englischen Toffee-Nuss-Pudding erweitern. Rezepturen aus verschiedenen Ländern bereichern so unser süßes Buffet. Wobei eine rechtzeitige Vorbereitung unabdingbar ist, denn so manche Adventsleckerei gehört zu den kniffligeren Disziplinen der süßen Kunst. Etwa die Herstellung von Christstollen. Mit seiner länglichen Form und der dicken Schicht Puderzucker soll er an das gewickelte Jesuskind erinnern, aber dafür braucht er Zeit … – zum Lagern vor dem Genuss, aber auch zum ausgedehnten Kneten und „Gehenlassen" während der Zubereitung. So wird der Teig herrlich feinporig und die Aromen von Rosinen, Rum, Zitronenschale, Vanille und Butter können sich vorteilhaft entfalten. Dazu servieren wir Glühwein mit duftenden Weihnachtsgewürzen, die auch einen wohltuenden Einfluss auf die Seele haben. Wärme durchflutet den Körper, die Gedanken gehen auf Reisen und dann schmilzt, wie gesagt, jeder Widerstand dahin!

GLÜHWEIN MIT FRÜCHTEN

Zutaten für 8 Personen:

80 g Rosinen
4 cl Weinbrand
2 l trockener Rotwein
100 g Kandis
8 Gewürznelken
4 Sternanis
4 Zimtstangen
je 1 unbehandelte Zitrone und Orange
2 Äpfel

Zubereitung: Für den Glühwein die Rosinen waschen, abtropfen lassen und mit dem Weinbrand in einer Schüssel mischen. Den Wein in einen Topf gießen, Kandis, Weinbrandrosinen und Gewürze dazugeben. Zitrone und Orange waschen, trocken tupfen, halbieren und in dünne Scheiben schneiden. Die Äpfel vierteln, entkernen und in feine Spalten schneiden. Zusammen mit den Zitronen- und Orangenscheiben zu dem Rotwein in den Topf geben und 10–15 Min. erhitzen (nicht kochen). Möglichst heiß in hitzebeständige Gläser füllen und servieren.

WEISSER GLÜHWEIN MIT ORANGENSCHEIBEN

Zutaten für 4 Personen:

750 ml trockener Weißwein
Schale von 1 unbehandelten Orange
3 Gewürznelken
1 Zimtstange
2 Sternanis
ca. 100 g Zucker
100 ml weißer Rum
4 Orangenscheiben

Zubereitung: Den Wein mit den Gewürzen, Orangenschale und Zucker in einem Topf erhitzen, nicht kochen, sondern 10–15 Min. köcheln lassen. Gewürze und Orangenschale entfernen, Rum einrühren und den Glühwein mit je einer Orangenscheibe im Glas servieren.

GLÜHWEIN-GRUNDREZEPT

Zutaten für 6 Personen:

1 l Rotwein
6 TL Zitronensaft (frisch gepresst)
je 3 Bio-Zitronen- und Bio-Orangenscheiben
4 Zimtstangen
8 Nelken
1 Sternanis
6 zerdrückte Kardamomkapseln
3 TL Rumrosinen
8 TL Zucker

Zubereitung: Rotwein in einen Topf gießen und frisch gepressten Zitronensaft zufügen. Zitronen- und Orangenscheiben, Zimtstangen, Nelken, Kardamom, Sternanis und Rumrosinen zufügen. Wenn der Wein sehr trocken ist, mit Zucker süßen. Glühwein nur erhitzen, nicht kochen. Wein in hitzebeständige Gläser füllen, eventuell durch ein feines Sieb gießen, und mit Zimtstangen dekorieren.

Glühweingrundrezept

Schöne Stunden im Advent
Ein Glas Likör oder Cranberrypunsch, dazu butterzarte Plätzchen und andere Leckereien, so verbringt der Herr mit dem weißen Rauschebart gern mal einen gemütlichen Nachmittag.

REZEPTE VOM
Nikolaus

Er ist schon ein echter Genießer, der Nikolaus. Gerne schaut er ab und an in der Engelsbäckerei vorbei und probiert die neuesten Kreationen. Seine Lieblingsrezepte verrät er uns hier.

Mach's mit Gemütlichkeit
In der Ruhe liegt die Kraft! Bei melodischen Adventsklängen und feinem Bratapfelduft kommen die Ideen für die Verpackung der Geschenke fast von allein.

Aus Tradition
Alte Rezeptbücher von der Großtante, die Deko-Pilze der Oma – gerade in der Adventszeit erwachen viele Familienschätze zu neuem Leben. Seit Generationen bewährte Rezepte werden nachgebacken und wohlbehütete Lieblingsstücke erhalten ihren Ehrenplatz im weihnachtlich geschmückten Haus.

BRATAPFEL MIT MARZIPAN UND VANILLESOSSE

Zutaten für 4 Personen:

100 g getrocknete Aprikosen
1 unbehandelte Orange
75 g Marzipan-Rohmasse
2 EL Rum
4 EL Rosinen
50 g gemahlene Haselnüsse
4 Boskoop
3 EL flüssige Butter
Puderzucker

Für die Vanillesoße:
250 ml Milch
250 ml Sahne
1 Vanilleschote
5 Eigelbe
60 g Zucker
2 cl Mandellikör

Außerdem:
2 EL gehobelte Haselnüsse

Zubereitung: Aprikosen in lauwarmem Wasser ca. 20 Min. einweichen. Ofen auf 200 Grad vorheizen. Orange heiß abwaschen, trocken reiben. Hälfte der Schale als Zesten abziehen, fein hacken. Orange auspressen. Aprikosen abtropfen lassen, fein würfeln. Marzipan zerdrücken. Mit Rum und Orangensaft cremig verrühren. Aprikosenwürfel, Rosinen und Nüsse untermischen. Äpfel waschen. An der Stielseite einen Deckel abschneiden. Mit dem Apfelausstecher das Kerngehäuse entfernen, dabei die Äpfel nicht ganz durchstechen. Die Öffnungen aushöhlen, mit Masse füllen, Deckel aufsetzen. Auflaufform mit flüssiger Butter ausstreichen. Äpfel in die Form setzen, mit restlicher Butter beträufeln und mit Puderzucker bestäuben. Ca. 40 Min. backen. Milch und Sahne mit der aufgeschlitzten Vanilleschote aufkochen, vom Herd nehmen. Eigelbe mit Zucker cremig schlagen. Warme Milch-Sahne langsam in die Eigelbcreme rühren. Alles zurück in den Topf gießen und auf kleinster Flamme unter ständigem Rühren zu einer cremigen Soße aufschlagen, nicht kochen lassen. Mit Mandellikör verfeinern, Vanilleschote herausnehmen. Soße mit den Bratäpfeln anrichten und mit Haselnüssen bestreut servieren.

HEISSER CRANBERRYPUNSCH

Zutaten für 4 Personen:

6 cl brauner Rum
200 ml Cranberrysaft
4 cl Kirschwasser
1 – 2 EL Puderzucker (oder mehr je nach Geschmack)
300 g frische Cranberrys
1 Bio-Zitrone
1 Zimtstange

Zubereitung: Braunen Rum, Cranberrysaft und Kirschwasser in einen Topf gießen und auf dem Herd erwärmen. Den Puderzucker darüberstreuen und unter Rühren auflösen. Die frischen Cranberrys mit kaltem Wasser in einem Sieb abbrausen, gut abtropfen lassen und in den Topf geben. Zitrone waschen und trocken tupfen. Mit einem Sparschäler ein Stück Schale abnehmen. Mit der Zimtstange zum Cranberrypunsch geben. Alles etwa 2 Min. leicht köcheln lassen. Dann den Topf vom Herd nehmen und etwa 10 Min. durchziehen lassen. Danach mit ca. 500 ml kochend heißem Wasser übergießen und den Punsch auf 4 Gläser verteilen.

Empfehlung vom Nikolaus
Überraschen Sie die Nachbarin oder Freundin doch mal mit einem Päckchen selbst gemachter Plätzchen. Dafür Dekopapier zu einer Tüte formen, Süßes hineinlegen und mit einem hübschen Band schmücken.

Zeit für Behaglichkeit
Nicht nur die verlockenden kulinarischen Genüsse steigern unsere Vorfreude auf Weihnachten. Auch die liebevollen Dekorationen – wie wohlduftende Sträuße aus Kiefernzweigen, roten Beeren und kristallklaren Anhängern – versetzen uns in Festtagsstimmung.

ZIMTSTERNE

Zutaten für ca. 40 Stück:

3 Eiweiße
250 g Puderzucker
1 TL Zimt
1 EL Zitronensaft
350 g fein gemahlene Mandeln

Zubereitung: Eiweiße sehr steif schlagen. Dann Puderzucker hineinsieben, bis die Masse glänzt. Etwa 6 EL für die Glasur beiseitestellen. Mandeln (etwa 50 g fürs Ausrollen beiseitelegen), Zimt und Zitronensaft unter den restlichen Eischnee heben und zu einem Teig verarbeiten. In Folie gewickelt 1 Std. im Kühlschrank ruhen lassen. Teig auf restlichen Mandeln ca. 1 cm dick ausrollen, Sterne ausstechen und auf ein mit Backpapier ausgelegtes Blech legen, mit der Eiweißglasur bestreichen. Über Nacht möglichst kühl ruhen lassen. Am nächsten Tag im vorgeheizten Backofen bei 160 Grad ca. 8 Min. backen.

PLÄTZCHEN IN HANDSCHUHFORM

Zutaten für ca. 30 Stück:

300 g Mehl
1 EL Vanillezucker
100 g Zucker
200 g Butter

Zum Verzieren:
200 g Puderzucker
grober roter Zucker

Zubereitung: Backofen auf 180 Grad vorheizen. Mehl mit Vanillezucker und Zucker mischen. Butter in Flöckchen zugeben und alles rasch verkneten. Falls nötig, ein wenig Wasser unterkneten. In Frischhaltefolie gewickelt im Kühlschrank ca. 30 Min. ruhen lassen. Auf bemehlter Arbeitsfläche 3–4 mm dünn ausrollen und kleine Handschuhe ausstechen (Ausstechformen z. B. bei www.meincupcake.de). Auf ein mit Backpapier belegtes Blech legen und im Ofen etwa 12 Min. goldgelb backen. Vorsichtig vom Blech nehmen und auskühlen lassen. Zum Verzieren den Puderzucker mit so viel Wasser anrühren, bis ein dickflüssiger Guss entstanden ist. Ein Drittel davon zu einem flüssigen Guss verdünnen und damit die Plätzchen bepinseln. Sofort mit rotem Zucker (z. B. www.zuckerbar.de) bestreuen und antrocknen lassen. Den dicken Guss in ein Spritztütchen füllen und die Handschuhe damit verzieren.

LEBKUCHEN

Zutaten für ca. 50 Stück:

250 g Honig
250 g brauner Zucker
150 g Butter
100 g gemahlene Mandeln
400 g Mehl
1 TL Zimt
¼ TL gemahlene Nelken
¼ TL gemahlener Kardamom
¼ TL Muskat, gemahlen
¼ TL Piment, gemahlen
1 TL Zitronenabrieb
1 EL Kakao
1 Ei
1 TL Pottasche

Außerdem:
200 g Puderzucker
Zitronensaft

Zubereitung: Honig, Zucker und Butter in einem Topf unter Rühren erhitzen, bis sich der Zucker aufgelöst hat. Vom Herd nehmen, in eine Rührschüssel geben und abkühlen lassen. Mandeln mit Mehl, Gewürzen, Kakao und Ei zur Buttermischung geben. Alles gut durchkneten. Pottasche mit 2 EL kaltem Wasser verrühren und zum Teig geben. So lange weiterkneten, bis der Teig glänzt und nicht mehr klebt. Gegebenenfalls etwas Mehl hinzufügen. Schüssel zugedeckt über Nacht in den Kühlschrank stellen. Am nächsten Tag den Ofen auf 180 Grad vorheizen. Teig auf bemehlter Fläche ca. 5 mm dünn ausrollen. Nach Belieben Formen mit entsprechenden Ausstechern oder mit spitzem Messer ausschneiden. Auf ein mit Backpapier ausgelegtes Backblech legen und 18–20 Min. backen. Auf einem Kuchengitter auskühlen lassen. Zum Verzieren Puderzucker mit so viel Zitronensaft glatt rühren, dass ein cremiger Guss entsteht. Guss in einen kleinen Gefrierbeutel füllen. An einer Ecke ein kleines Loch abschneiden und die Lebkuchen damit verzieren. Den Guss trocknen lassen.

BUTTERPLÄTZCHEN

Zutaten für ca. 40 Stück:

150 g Butter
100 g Zucker
1 Pck. Vanillezucker
1 Eiweiß und 3 Eigelbe
250 g Mehl
1 TL Backpulver
100 g gemahlene Mandeln
evtl. etwas Milch
3 TL rote Marmelade

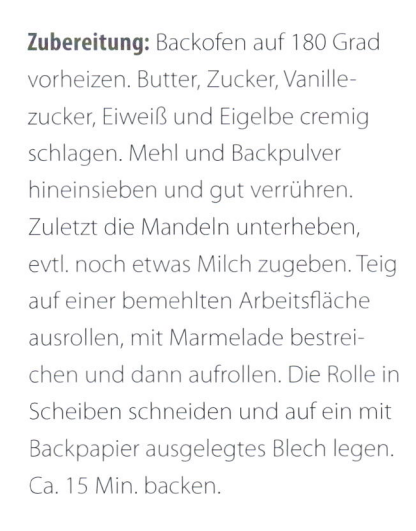

Zubereitung: Backofen auf 180 Grad vorheizen. Butter, Zucker, Vanillezucker, Eiweiß und Eigelbe cremig schlagen. Mehl und Backpulver hineinsieben und gut verrühren. Zuletzt die Mandeln unterheben, evtl. noch etwas Milch zugeben. Teig auf einer bemehlten Arbeitsfläche ausrollen, mit Marmelade bestreichen und dann aufrollen. Die Rolle in Scheiben schneiden und auf ein mit Backpapier ausgelegtes Blech legen. Ca. 15 Min. backen.

Weihnachtswunderland
Kristalltropfen funkeln am Kronleuchter und Ballerinen tanzen um die Kerzen. Auf Bahnen aus geprägtem Samt versammeln sich die ausgesuchten Schätze zur gemütlichen Kaffeestunde.

AUS LIEBE ZUR Gastlichkeit

In der Weihnachtszeit dürfen wir einmal ganz tief in die Schatzkisten greifen und eine bezaubernde Szenerie kreieren – als würdige Bühne für die süßen Köstlichkeiten auf der Festtafel.

Als traditionsverliebte Gastgeber stehen wir vor großen Aufgaben: Wie soll sie aussehen, unsere Weihnachtsdekoration? Dabei wagen wir uns an die reizvolle Arbeit eines Bühnenbildners, in unserem ganz privaten Wintermärchen. Und träumen von einer Inszenierung, bei der die Familienschätze zum Fest in einem zauberhaften Licht erstrahlen. Spätestens am Morgen vor dem Heiligen Abend ist es so weit: Das Kaminzimmer wird Mittelpunkt der kreativen Arbeit und verwandelt sich, von neugierigen Augen unbemerkt, in ein goldglänzendes Wunderland. Die hohe Edeltanne erstrahlt in voller Pracht mit Goldschleifen, antikem Schmuck und einem funkelnden Stern auf der Spitze. Die Zutaten für diese märchenhafte Umgestaltung halten unzählige „Schatzkisten" mit über die Jahre gesammelten Preziosen bereit. Dabei könnte beinahe jedes Stück schon seine eigene Weihnachtsgeschichte erzählen. Manche Rarität schlummert lange im Verborgenen, bis sie irgendwann in der richtigen Kombination wieder eine Starrolle spielen darf. Farben und Accessoires sind immer aufeinander abgestimmt. Die klassischen Weihnachtsfarben und stilvoll arrangiertes Grün bereiten dafür die Basis. Girlanden und Kränze aus Buchsbaum, Zypresse und Golddraht werden um Leuchter und Etageren geschlungen und dazu passende Wintersträuße arrangiert. Auch aus der Küche duftet es herrlich. Haselnusstörtchen und diverses Gebäck liegen wie kleine Kunstwerke üppig auf Etageren ausgebreitet. Und später, wenn alle Gäste da sind, versüßen köstliche Weihnachtskuchen die Kaffeestunde. Dazu knistert der Kamin – und der Duft von Tannengrün, Zitrus und brennenden Kerzen vollendet die weihnachtliche Stimmung.

HASELNUSSTÖRTCHEN

Zutaten für 25 – 30 Stück:

250 g weiche Butter
300 g Zucker
3 Eier
500 g Mehl
100 g gemahlene Haselnüsse
1 ½ TL Backpulver
1 TL Zimt
½ TL Nelken
1 EL Kakaopulver
250 ml Milch

Außerdem:

1 Glas Johannisbeergelee
200 g gehackte Haselnüsse
200 g Puderzucker
ca. 2 EL Zitronensaft
25 – 30 ganze Haselnüsse

Zubereitung: Die Butter schaumig rühren, bis sie Spitzen zieht, Zucker nach und nach unterrühren, bis er nicht mehr knirscht. Die aufgeschlagenen Eier einzeln unterrühren und ca. 3 Min. schaumig rühren. Mehl mit Haselnüssen, Backpulver, Zimt und Nelken sowie dem Kakaopulver vermischen. Abwechselnd mit der Milch portionsweise unter den Teig rühren. Die Masse sollte zäh vom Löffel fallen. Auf einem mit Backpapier ausgelegten Backblech verteilen, glatt streichen und im vorgeheizten Backofen auf mittlerer Schiene bei ca. 180 Grad 30 – 35 Min. backen. Stäbchenprobe durchführen. Nach Ende der Backzeit herausnehmen und abkühlen lassen. Den Kuchen in 25 – 30 Stücke teilen.

Das Johannisbeergelee in einem Topf bei schwacher Hitze verflüssigen und die Stücke damit an den Seiten einstreichen und sofort in den gehackten Haselnüssen wälzen. Puderzucker mit dem Zitronensaft zu einem dickflüssigen Guss anrühren und die Törtchen auf der Oberfläche damit bepinseln. Je eine Haselnuss in die Mitte setzen und trocknen lassen.

WEIHNACHTSKUCHEN MIT NÜSSEN UND KUMQUATS

Zutaten für 1 Tarteform von 20 cm Ø:

Für den Teig:
200 g weiche Butter
200 g Zucker
1 Pck. Vanillezucker
4 Eier
400 g Mehl
1 Pck. Backpulver
ca. 50 ml Milch
2 EL brauner Rum
20 g Kakaopulver
75 g Zartbitterschokolade
Fett und Mehl für die Form

Für den Guss:
100 g Doppelrahmfrischkäse
20 g Puderzucker
1 EL Schlagsahne
Mark von 1 Vanilleschote

Für die Garnitur:
150 g Kumquats
2 EL Zucker
2 cl Orangenlikör
½ Zimtstange
50 g Nüsse, z. B. Mandeln, Haselnüsse und Walnüsse
10 g getrocknete Cranberrys

Zubereitung: Den Backofen auf 180 Grad (Umluft) vorheizen. Eine Tarteform gründlich fetten und mit Mehl bestäuben. Die weiche Butter mit dem Handrührgerät so lange schlagen, bis sie Spitzen zieht. Zucker und Vanillezucker nach und nach unterrühren, bis er nicht mehr knirscht. Die Eier aufschlagen und einzeln unterrühren. Die Masse ca. 3 Min. gründlich schlagen. Mehl mit dem Backpulver vermischen und portionsweise unterrühren (Knethaken), abwechselnd Milch und Mehl zugeben. Dann das Kakaopulver sowie die geraspelte Zartbitterschokolade und den Rum unterrühren. Ist der Teig zu fest, noch etwas Milch zugeben. Zu langes Rühren macht den Teig zäh. Den Teig nach dem Rühren sofort in die gefettete Form geben und auf mittlerer Schiene ca. 40 Min. backen. Nach dem Backen in der Form auskühlen lassen.

Die Kumquats waschen und rundherum mit einer Gabel anstechen. 100 ml Wasser mit dem Zucker, dem Likör und Zimt aufkochen lassen und darin die Früchte zugedeckt etwa 15 Min. köcheln lassen. Vom Herd nehmen und auskühlen lassen. Dann die Zimtstange entfernen, Nüsse und Cranberrys untermengen.

Für den Überzug den Frischkäse mit dem Puderzucker und der Sahne sowie dem Mark einer Vanilleschote verrühren und mit dem Schneebesen etwa 3 Min. kräftig aufschlagen. Die Masse auf den ausgekühlten Kuchen geben. Mit der Früchte-Nuss-Mischung belegen und servieren.

WALNUSSGUGELHUPF

Zutaten für 1 Gugelhupfform von 24 cm Ø:

Für den Teig:
150 g weiche Butter
150 g Zucker
3 Eier
½ TL Orangenabrieb
½ TL Zitronenabrieb
Mark 1 Vanilleschote
350 g Mehl
2 TL Backpulver
250 g gemahlene Walnüsse
ca. 50 ml Milch

Für den Guss:
200 g Puderzucker
ca. 2 EL Orangensaft
ca. 1 EL Zitronensaft

Für die Garnitur:
Puderzucker zum Bestäuben
Marzipanblüten

Für die Form:
Butter zum Einfetten
Mehl zum Bestäuben

Zubereitung: Den Backofen auf 180 Grad (Umluft) vorheizen. Die Form fetten und mit Mehl bestäuben. Die Butter in Stücke schneiden und mit dem Handrührgerät schaumig schlagen, bis sie Spitzen zieht. Zucker nach und nach zugeben und so lange rühren, bis er nicht mehr knirscht. Den Zitronen- und Orangenabrieb sowie das Mark einer Vanilleschote hinzufügen. Die Eier aufschlagen und nacheinander unterrühren. Mehl mit Backpulver und den Nüssen vermischen und portionsweise, abwechselnd mit der Milch, unter die Eimasse rühren. Sollte der Teig zu fest sein, noch ein wenig Milch zufügen. In die gefettete Form füllen und auf mittlerer Schiene 50–60 Min. backen. Stäbchenprobe durchführen. Nach dem Backen den Kuchen in der Form auskühlen lassen und erst erkaltet aus der Form stürzen.

Für den Guss den Zitronen- und Orangensaft tröpfchenweise unter den Puderzucker rühren, bis er glatt und glänzend ist; er sollte nicht zu flüssig sein. Guss auf dem Gugelhupf verteilen und mit Marzipanblüten verzieren. Nach Belieben mit etwas Puderzucker bestäuben.

WEIHNACHTLICHE MOHNROLLE

Zutaten für 1 Kastenform von 1,5 l:

Für den Teig:
30 g frische Hefe (¾ Würfel)
200 ml lauwarme Milch
400 g Mehl
60 g Zucker
1 Prise Salz
1 Ei
125 g weiche Butter
Mehl zum Arbeiten

Für die Füllung:
250 g gemahlener Mohn
125 ml heiße Milch
80 g weiche Butter
1 TL Zimt
1 Ei

Für den Guss:
250 g Vollmilchschokolade
50 g Erdnüsse

Für die Form:
Butter zum Einfetten
Mehl zum Bestäuben

Zubereitung: Die frische Hefe zerbröseln und in die lauwarme Milch geben. Mehl mit Zucker und Salz vermengen. Die Hefe-Milch mit dem Ei und der weichen Butter zum Mehl geben. Alles gut miteinander zu einem geschmeidigen Teig verkneten. Zugedeckt an einem warmen Ort ca. 1 Std. gehen lassen. Backofen auf 175 Grad (Umluft) vorheizen. Inzwischen den gemahlenen Mohn mit der heißen Milch übergießen und 10 Min. quellen lassen. Lauwarm mit Butter, Zimt und dem Ei verrühren. Eine Kastenform fetten und mehlen. Den Hefeteig noch einmal kräftig durchkneten und auf einem bemehlten Backbrett zu einem Rechteck (Breite der Kastenform) von 1 cm Dicke ausrollen. Mit der Mohnmasse bestreichen und dabei einen Rand von 5 cm frei lassen. An den Seiten den Teigrand einklappen und von einem Ende her einrollen. Die Rolle in die gefettete Kastenform setzen und ca. 60 Min. backen. Herausnehmen und in der Form auskühlen lassen. Für den Überzug die Vollmilchkuvertüre im Wasserbad schmelzen. Erdnüsse grob hacken und ohne Fett in der heißen Pfanne kurz hellbraun anrösten. Den Kuchen mit der Kuvertüre überziehen und mit den gerösteten Erdnüssen bestreuen.

Schon zum Frühstück gibt es an Weihnachten Selbstgebackenes, wie hier das schwedische Rosinenbrot und Julbullar (links), süße Brötchen aus Hefeteig mit Hagelzucker.

SCHWEDISCHE Weihnacht

Familie Ahrendsen feiert Weihnachten so gemütlich wie im hohen Norden – mit viel Licht und feinen Spezialitäten.

Wenn sich in dem urgemütlichen Landhaus der Familie Ahrendsen an Heiligabend Eltern, Großeltern und Kinder um den festlich gedeckten Tisch versammeln, denkt Iris Ahrendsen auch an ihre eigene Kindheit zurück. Der zweifachen Mutter geht es dann noch immer so wie der kleinen Lisa in der Geschichte aus Bullerbü, die an Heiligabend Gänsehaut bekommt, weil der Anblick der vielen Kerzen im Haus „so schön und spannend" ist. Die Geschichten von Astrid Lindgren haben Iris nicht nur als Kind inspiriert. Ihren Sohn benannte sie nach dem frechen Michel aus Lönneberga. Und wenn man heute das urige, alte Haus betritt, das Iris und Herwig Ahrendsen vor vielen Jahren kauften und ausbauten, könnte man meinen, in Anbetracht der schlichten Eleganz des hellen Mobiliars auch vor einer schwedischen Idylle zu stehen. In der Dämmerung leuchten unzählige Kerzen im Haus und im Wohnzimmer brennt das Feuer im Kamin. „Liebe überwindet alle Dinge", kann man auf dem rußgeschwärzten Balken über den lodernden Flammen lesen. Der Vorbesitzer, ein Landarzt, überließ den Nachfolgern sein Haus mitsamt dem alten Mobiliar, zu dem auch die komplette Arztpraxis gehörte.

Iris, die das Anwesen schon als Kind kannte und insgeheim liebte, schätzt vor allem die vielen Details am Haus. Direkt neben dem Kamin steht zu Weihnachten immer der mit vielen roten Wachslichtern erleuchtete Tannenbaum. Auf der Weihnachtsdecke des Landhaustisches mit seinem schönen Eisengestell wünschen rote Schriftzeichen „God Jul".

SCHWEDISCHE LACHSTARTE

Zutaten für 1 Tarteform von 24 cm Ø:

Für den Boden:
200 g Pumpernickel
75 g zerlassene Butter

Für den Belag:
150 g Räucherlachsscheiben
200 g geräuchertes Lachsfilet, am Stück mit Haut
200 g Mayonnaise
100 g Crème fraîche
75 g Lachskaviar
1 EL frisch gehackter Dill
Salz, Pfeffer aus der Mühle
Zitronensaft

Außerdem:
1 rote Zwiebel
Dillspitzen zum Garnieren

Zubereitung: Für den Boden das Brot entrinden, klein schneiden und in einer Küchenmaschine zerbröseln. Mit der zerlassenen Butter verkneten und den Boden einer mit Backpapier ausgelegten Tarteform damit auskleiden. Bis zur Weiterverarbeitung in den Kühlschrank stellen.

Die Lachsscheiben in feine Streifen schneiden. Von dem Lachsfilet die Haut entfernen und das Fleisch mit einer Gabel zerdrücken. Dann mit der Mayonnaise, der Crème fraîche, den Lachsstreifen, Lachskaviar und Dill mischen und mit Salz, Pfeffer und Zitronensaft abschmecken. Die Masse auf dem Brotboden verstreichen und für 1 Std. in den Kühlschrank stellen.

Die Zwiebel abziehen und in feine Würfel schneiden. Die Tarte in Stücke schneiden, auf einer Platte anrichten und mit den Zwiebelwürfeln und Dillspitzen garniert servieren.

KARTOFFELPUFFER MIT FLUSSKREBSSALAT

Zutaten für 4 Personen:

Für den Salat:
2 säuerliche Äpfel, z. B. Granny Smith und Boskoop
Saft ½ unbehandelten Zitrone
6 Radieschen
3 Frühlingszwiebeln
500 g Flusskrebsschwänze, küchenfertig gepult
1 EL frisch gehackter Dill
2 EL Olivenöl
Salz, Pfeffer aus der Mühle

Für die Puffer:
700 g festkochende Kartoffeln
1 Eigelb
2 – 3 TL Kartoffelstärke, je nach Kartoffelsorte
Salz, Muskat
Pflanzenöl zum Braten

Zubereitung: Für den Salat die Äpfel waschen, vierteln, vom Kerngehäuse befreien und das Fruchtfleisch in sehr kleine Würfel schneiden. Mit 1 EL Zitronensaft mischen. Die Radieschen und Frühlingszwiebeln waschen, putzen und beides in schmale Scheiben/Ringe schneiden. Mit den Äpfeln, Flusskrebsschwänzen, Dill, dem restlichen Zitronensaft und Öl mischen und mit Salz und Pfeffer abschmecken. Für die Puffer die Kartoffeln schälen und reiben. In ein feuchtes Küchentuch wickeln und ausdrücken, mit Eigelb und Kartoffelstärke vermengen und mit Salz und Muskat würzen. Dann Häufchen der Masse in eine Pfanne in heißes Öl setzen, flach drücken und 2 – 3 Min. goldbraun braten. Auf Küchenpapier abtropfen lassen. Die Puffer mit dem Salat auf Tellern anrichten und sofort servieren.

GOD-JUL-BROT

Zutaten für 4 – 6 Personen:

Für den Teig:
500 g Mehl
1 TL Salz
1 TL gemahlener Fenchel
½ Würfel frische Hefe
200 ml lauwarme Milch
130 g Magerquark
1 Ei
3 EL Milch zum Bestreichen

Zubereitung: Das Mehl mit dem Salz und Fenchel in einer Schüssel mischen, in die Mitte eine Mulde drücken, die Hefe hineinbröckeln und mit 4 EL lauwarmer Milch glatt rühren. Mit Mehl vom Rand bestäuben und zugedeckt ca. 15 Min. ruhen lassen. Die restliche Milch und den Quark zugeben, alles miteinander zu einem glatten Teig verkneten, bei Bedarf noch Milch oder Mehl zugeben und den Teig zugedeckt weitere 60 Min. ruhen lassen.

Den Backofen auf 200 Grad (Ober-/Unterhitze) vorheizen. Aus dem Teig kleine Bällchen formen und diese dicht an dicht in eine gebutterte Springform setzen. Weitere 15 Min. gehen lassen. Das Ei mit der Milch verquirlen und den Teig damit bestreichen und im vorgeheizten Ofen ca. 40 Min. backen. Herausnehmen, abkühlen lassen, aus der Form lösen und in Stücke gebrochen servieren.

TRADITIONELLES ROSINENBROT

Zubereitung: Die Rosinen in Rum einweichen. Das Mehl mit dem Salz in einer Schüssel mischen, in die Mitte eine Mulde drücken, die Hefe hineinbröckeln und mit 1 EL Zucker und 4 EL Milch glatt rühren. Mit etwas Mehl vom Rand bestäuben und zugedeckt an einem warmen Ort ca. 15 Min. gehen lassen. Dann die restlichen Zutaten zugeben, zu einem glatten Teig verkneten, bei Bedarf noch etwas lauwarme Milch oder Mehl einarbeiten und die abgetropften Rosinen untermischen. Den Teig erneut zugedeckt 1 Std. ruhen lassen. Backofen auf 200 Grad (Ober-/Unterhitze) vorheizen. Aus dem Teig kleine Laibe formen, diese auf ein mit Backpapier belegtes Backblech setzen und noch einmal 15 Min. ruhen lassen. Im vorgeheizten Ofen 30 – 40 Min. backen. Die fertig gebackenen Laibe aus dem Ofen nehmen, mit zerlassener Butter bestreichen, auskühlen lassen und mit Puderzucker bestäuben.

Zutaten für 2 – 3 Laibe:

200 g Rosinen
150 g Rum
500 g Mehl
1 TL Salz
1 Würfel frische Hefe (ca. 42 g)
6 EL Zucker
200 ml lauwarme Milch
140 g Magerquark
4 EL zerlassene Butter
Puderzucker zum Bestäuben

Ausgewählte Üppigkeit schafft eine warme, feierliche Atmosphäre. Nicht nur die Tafel, der ganze Raum erstrahlt in einer solchen Pracht, dass wir berührt und fasziniert innehalten.

GELIEBTE TRADITION & FESTLICHER GENUSS
Weihnachtsdinner

Es ist ein Mahl, das es in dieser Art nur einmal im Jahr gibt. Entsprechend viel Sorgfalt verwenden wir auf die Dekoration der Tafel und die Zubereitung der Speisen.

„Denn es ziemt, des Tages Vollendung mit Genießern zu genießen", erkannte einst Johann Wolfgang von Goethe. Welch treffende Feststellung auch für diesen Abend, für den sich die Worte „des Tages" noch durch „der festlichen Zeit" ersetzen ließen. Der Anlass, das Menü, das Beisammensein und gemeinsame Genießen, die Stimmung – alles ist am Heiligen Abend besonderer, besinnlicher, feierlicher als an jedem anderen Tag des Jahres, und das in einer ganz eigenen Art und Weise, versehen mit einem Zauber, der uns so wunderbar zart berührt. Wie schön, sich voller Vorfreude mit dem Zusammenstellen des Menüs, der Gestaltung der Einladung und schließlich dem Schmücken von Tafel und Raum zu befassen. Und während wir, ist der Festtag endlich gekommen, feinste Speisen vorbereiten in dem sicheren Wissen, wie sehr sie unsere Gäste begeistern werden, erinnern wir uns an Weihnachtsabende aus vergangenen Jahren und finden uns in wunderbar besinnlicher Stimmung wieder. Dank tatkräftiger Hilfe der Familie bleibt noch genügend Zeit, sich frisch zu machen, die Festtagskleidung anzulegen, letzte Bänder an Geschenken zu befestigen – um dann einen weiteren unvergesslichen Weihnachtsabend mit geliebten Menschen zu genießen.

FRISCHLINGSMEDAILLONS MIT BIRNEN

Zutaten für 4 Personen:

12 dünne Wildschweinmedaillons
1 Karotte
1 Zwiebel
1 Knoblauchzehe
1 – 2 EL Mehl
Pfeffer
1 – 2 EL Butterschmalz
1 Orange
4 Birnen
50 ml Cidre
2 Nelken
5 EL Butter
50 ml Cognac
300 g Wildfond
4 EL geröstete Mandelblättchen

Zubereitung: Karotte schälen, fein reiben. Zwiebel und Knoblauch abziehen, klein würfeln. Wildschweinmedaillons mit 1 TL Mehl bestäuben und leicht pfeffern. Im heißen Butterschmalz kurz scharf anbraten, Orangenschale darüberreiben. In Alufolie wickeln und im vorgeheizten Ofen bei 80 Grad ca. 20 Min. ziehen lassen. Birnen schälen, halbieren und jeweils in 6 kernfreie Spalten schneiden. In eine Pfanne geben, Cidre angießen. Mit den Nelken erhitzen, 1–2 Min. leise köcheln lassen. Gemüse in Butter andünsten. Orange auspressen, Saft mit dem Cognac dazugeben, ca. 5–8 Min. offen köcheln lassen. Etwas Fond mit Mehl glatt rühren, restlichen Fond aufgießen. In den kochenden Fond einrühren, unter Rühren einmal aufkochen. Soße durch ein Sieb passieren. Fleisch aus dem Ofen nehmen, entstandenen Bratensaft in die Soße rühren, mit Pfeffer abschmecken. Soße auf vorgewärmte Teller verteilen, Medaillons darauf anrichten. Birnen dazugeben und mit Mandeln bestreuen, sofort servieren.

FISCHFILET IM SAFRAN-FENCHEL-SUD

Zutaten für 4 Portionen:

8 Riesengarnelen
(roh, mit Schale, ohne Kopf)
2 Schalotten
20 g Butter
1 EL Fenchelsaat (zerstoßen)
0,1 g Safran
200 ml Weißwein
1 l Fischfond
2 Fenchelknollen
600 g Fischfilet (z. B. Zander)
Salz, Pfeffer

Zubereitung: Garnelen aus der Schale lösen. Schalen für den Sud aufbewahren. Garnelen auf der Rückenseite längs einschneiden und den schwarzen Faden (Darm) entfernen. Abgedeckt kalt stellen. Schalotten fein würfeln. Garnelenschalen in heißer Butter ca. 3 Min. unter Rühren anbraten. Schalotten zugeben und mitdünsten. Fenchelsaat und Safran unterrühren. Mit Weißwein und Fischfond ablöschen, ca. 15 Min. zugedeckt köcheln lassen. Fenchelknollen waschen, putzen, in dünne Streifen hobeln. Grün zum Garnieren beiseitelegen. Fischfilet waschen, trocken tupfen, in 8 Stücke schneiden. Salzen, pfeffern. Fischsud durch ein Sieb in einen zweiten Topf gießen. Nochmals aufkochen. Fenchel zugeben und ca. 2 Min. garen. Fischfilet und vorbereitete Garnelen hineingeben und ca. 3 Min. gar ziehen lassen. Fenchelgrün hacken, in den Sud streuen. Mit Salz und Pfeffer abschmecken. Dazu schmeckt warmes Baguette.

Winter

Lichterzauber
Faszinierend, dieses Zusammenspiel von Glas und Kerzenschein. Glänzend und glitzernd zieht es die Blicke der Gäste an – und spiegelt sich unübersehbar auch in ihren Augen wider.

So fein es geht
gestalten wir die Tafel mit zart bestickter Tischwäsche aus edlen Stoffen, mit filigranem Porzellan in passender Farbgebung, mit gravierten Gläsern, mit Kerzen und Blüten – und natürlich mit glänzend poliertem Silberbesteck.

Zum Fest der Liebe
kann das Wandherz aus Zapfen, Kugeln, kleinen Engeln und grünen Zweigen gar nicht prunkvoll genug sein. Auch nach den Festtagen wird es uns noch eine ganze Weile an den Heiligen Abend, an die festliche Stimmung und all die Köstlichkeiten erinnern.

Winter

Weihnachtliches Vanilleparfait

Goldene Accessoires
wie die Serviettenringe oder das kleine Herz dürfen zu diesem Anlass nicht fehlen – heben sie doch die Besonderheit des Abends deutlich hervor. Mit Goldspray oder -lack lassen sich auch andersfarbige Stücke umgestalten.

WEIHNACHTLICHES VANILLEPARFAIT

Zutaten für 12 – 16 Portionen:

Für die weiße Masse:
1 Eigelb
2 Eier
100 g Zucker
1 EL Zimt
400 ml Sahne

Für das Vanilleparfait:
6 frische Eigelbe
180 g Zucker
4 EL Vanillelikör
1 Vanilleschote (Mark)
400 ml Sahne

Außerdem:
Schokostreusel und
Schokofrüchte
Vanilleschoten

Zubereitung: Für die weiße Creme Eier trennen, Eigelbe mit der Hälfte des Zuckers weißschaumig schlagen. Zimt unterrühren. Eiweiße mit restlichem Zucker zu weiß glänzendem Schnee schlagen. Sahne steif schlagen, mit Eischnee unter die Eigelbmasse heben. 2/3 der Creme in eine mit Folie ausgelegte Form füllen, ca. 1,5 cm dick verstreichen. In den Gefrierschrank stellen. Evtl. während des Gefrierens nochmals verstreichen. Für das Vanilleparfait Eigelbe mit Zucker, Vanillemark und Likör 10 Min. schlagen, bis eine helle, cremige Masse entsteht. Sahne steif schlagen, unter die Eimasse heben und auf die weiße Parfaitmasse geben. Restliche Sahne-Parfait-Masse darübergeben. Abgedeckt 4 – 8 Std. ins Tiefkühlfach stellen. Zum Servieren auf eine Platte stürzen, Folie abziehen, mit Schokostreuseln verzieren. In Scheiben schneiden, mit Schokofrüchten und Vanilleschoten garniert servieren.

SCHOKOKUCHEN MIT MARONENCREME

Zutaten für 1 Backblech bzw. 12 Stück:

Für den hellen Teig:
300 g Mehl
1 TL Backpulver
130 g Zucker
2 Pck. Vanillezucker
2 Eier
130 g Margarine

Für den Schokoteig:
175 g Butter
60 g geschmolzene Zartbitterschokolade
200 g Zucker
2 Pck. Vanillezucker
2 EL dunkles Kakaopulver
200 g gemahlene und abgezogene Mandeln
200 g gehackte Haselnüsse
2 Eigelbe

Für die Maronencreme:
6 Blatt weiße Gelatine
300 g Kastanienpüree
200 g Mascarpone
80 g Zucker
2 – 3 EL dunklen Kakao
1 Pck. Vanillezucker
2 EL Rum
50 ml Milch
150 g geschlagene Sahne

Außerdem:
ganze Haselnüsse
12 Karamellgitter vom Konditor
Puderzucker

Zubereitung: Alle Zutaten für den hellen Teig miteinander verkneten und auf einem mit Backpapier belegten Backblech ausrollen. Die Zutaten für den Schokoladenteig zu einer glatten Masse verkneten, gegebenenfalls noch etwas Wasser zugeben. Den Teig in Blechgröße auswellen und auf den hellen Teig geben, etwas andrücken. Das Ganze bei 180 Grad im vorgeheizten Ofen ca. 25 – 30 Min. backen. Etwas auskühlen lassen und in 24 Rechtecke schneiden. Für die Maronencreme die Gelatine in kaltem Wasser einweichen. Kastanienpüree, Mascarpone, Zucker, Kakao, Vanillezucker und Rum gut vermischen. Die ausgedrückte Gelatine in der Milch in einem kleinen Topf bei schwacher Hitze auflösen, 3 EL von der Creme unterziehen, dann unter die übrige Creme rühren. Zum Schluss die geschlagene Sahne unterheben. Die Masse in einen Spritzbeutel mit großer Sterntülle füllen und in Tupfen auf die Hälfte der Kuchenecken spritzen. Mit der anderen Hälfte der Rechtecke abdecken, mit Nüssen und Karamellgitter verziert und mit Puderzucker bestäubt servieren.

Drinnen und draußen
Wenn eisiger Nordwind um Nase und Ohren weht, wächst der Wunsch nach Rückzug in die warme Stube. Bei einem Becher Tee, frischen Nüssen und einem Feuer, das im Kamin wohlig vor sich hinknistert, wird es umso gemütlicher, je kälter es vorm Haus ist.

WEIHNACHTEN IM
Ferienhaus

Im Ferienhaus lässt sich die besinnlichste Zeit des Jahres geruhsam zelebrieren – fernab vom Gewohnten erscheint alles in einem ganz besonderen Licht.

„Der Sitz der Seele ist da, wo sich Innenwelt und Außenwelt berühren", schreibt Novalis. Ob der Dichter der Romantik ein Ferienhaus für die Weihnachtszeit besaß? Dort wo eine behagliche Innenwelt mit Kaminfeuer und kuscheligen Plaids sich in einer verschneiten Außenwelt niederlässt. Und wo man endlich den tieferen Sinn darin erkennt, weshalb der Winter schon gegen vier Uhr sein Dämmerlicht auf die Landschaft legt: Es entsteht eine besondere Heimeligkeit. Die Lichter in den Fenstern lassen die Wärme dahinter erahnen. Und wenn die Welt draußen unterm Schnee stillsteht – und rund um das Ferienhaus fernab vom Alltag steht sie besonders still –, kommt auch die Seele zur Ruhe. Das Einzige, was Eile gebietet: der Drang, alles festlich zu dekorieren. Nüsse und Plätzchen in Schalen zu verteilen, im Korb fürs Kaminholz Tannenzapfen zu sammeln, draußen die Bäume mit Sternen zu behängen, alles zum Kranz zu binden, was biegsam ist. Und nicht zu vergessen die wichtigsten Zutaten: Kerzenschein überall, der Duft von süßem Naschwerk und verführerischen Bratäpfeln. Wer seine Umgebung in solch einen Zauber zu tauchen vermag – der ist angekommen, wo innen und außen sich verbinden.

HASELNUSS-MOKKA-PIE MIT BIRNEN

Zutaten für 1 Tarteform von 24 cm Ø:

Für den Teig:
200 g Mehl
100 g Butter
60 g Puderzucker
1 Prise Salz
Hülsenfrüchte zum Blindbacken

Für die Füllung:
5 – 6 bissfest pochierte Birnen, halbiert und geschält
3 Eier
100 g Zucker
100 g gemahlene Haselnüsse
50 g Zartbitterschokolade (70 %)
50 ml Espresso
Mark 1 Vanilleschote
2 EL Mehl
1 TL Backpulver
50 g geschmolzene dunkle Kuvertüre (70 %)

Zubereitung: Aus Mehl, Butter, Puderzucker und Salz einen Mürbeteig kneten. Den Teig in Folie wickeln und 1 Std. kühl stellen.

Eine Tarteform mit dem Teig auskleiden, dabei einen etwa 5 cm hohen Rand mitformen. Teig mit Backpapier belegen, die Hülsenfrüchte daraufgeben und den Teigboden im vorgeheizten Backofen (180 Grad Ober-/Unterhitze) ca. 15 Min. blindbacken. Herausnehmen, Backpapier und Hülsenfrüchte entfernen und auskühlen lassen.

Für die Füllung die Schokolade im Espresso schmelzen. Die Eier mit dem Zucker schaumig schlagen, das Vanillemark und die Espressoschokolade unterrühren. Nüsse, Mehl und Backpulver mischen und unterziehen. Die abgetropften Birnen auf den vorgebackenen Mürbeteig legen, die Schoko-Nuss-Masse daraufgeben und gleichmäßig verteilen. Im vorgeheizten Backofen (175 Grad) ca. 40 Min. backen. Herausnehmen, abkühlen lassen und mit der Kuvertüre kreuz und quer feine Linien aufspritzen.

CHILI-WALNUSS-COOKIES

Zutaten für 1 – 20 Stück:

200 g kalte Butter
50 g weißer Zucker
100 g brauner Zucker
½ TL Salz
½ TL gemahlener Zimt
1 Prise gemahlene Nelken
1 Prise gemahlener Kardamom
160 g Weizenmehl Type 1050
½ TL Natron
je 50 g gemahlene Walnüsse und Haselnüsse
etwas Milch, nach Bedarf

Für die Garnitur:
3 EL gehackte Walnüsse
3 EL gehackte Zartbitterschokolade
etwas Chili, im Mörser zerstoßen

Zubereitung: Den Backofen auf ca. 160 Grad (Umluft) vorheizen.

Die Butter mit dem Zucker, Salz und den Gewürzen schaumig rühren. Das Mehl mit dem Natron mischen und zusammen mit den gemahlenen Wal- und Haselnüssen unter die Buttercreme heben. Sollte der Teig zu trocken sein, etwas Milch unterkneten.

Teig mit einem Esslöffel auf ein mit Backpapier ausgelegtes Backblech setzen, flach drücken und im Ofen ca. 12 Min. backen. Nach dem Backen mit gehackten Walnüssen, gehackter Schokolade sowie etwas Chili bestreuen.

Tipp: Die Kekse nicht zu lange backen, sie härten beim Abkühlen noch aus.

TOFFEEKUCHEN MIT HASELNÜSSEN

Zutaten für 1 Springform von 26 cm Ø:

Für den Teig:
200 g Butter
200 g Zucker
3 Eier
200 g Mehl
50 g fein gemahlene Haselnüsse
1 TL Instantkaffeepulver
1 TL Backpulver
1 TL Zimt, ½ TL Nelken
1 Prise Salz
Butter für die Form

Für die Füllung:
2 Blatt weiße Gelatine
200 ml Sahne
1 Pck. Sahnesteif
50 g gesiebter Puderzucker
1 TL Instantkaffeepulver
1 TL Orangenabrieb
300 g gehackte Haselnüsse
2 EL Butter
100 g Zucker
3 EL Rum
2 EL Sahne
Rum zum Beträufeln

Für den Guss:
500 ml Sahne
300 g Kandis
50 g Butter
50 ml Whiskylikör
200 g gehackte Haselnüsse

Zubereitung: Backofen auf 180 Grad (Umluft) vorheizen. Für den Teig die Butter schaumig schlagen. Nach und nach Zucker und Eier zugeben. Alles sehr schaumig rühren. Mehl mit Nüssen, Kaffeepulver, Backpulver, Gewürzen und Salz vermischen. Über die Buttermasse sieben und mit den Knethacken des Rührgeräts rasch unterrühren. Springform fetten, den Teig hineingeben, glatt streichen und ca. 45 Min. backen. Nach dem Backen den Kuchen in der Form auskühlen lassen. Ausgekühlten Kuchen waagerecht einmal halbieren. Nach Belieben die einzelnen Böden mit etwas Rum beträufeln. Den ersten Tortenboden in einen Tortenring setzen.

Gelatine in kaltem Wasser 5 Min. einweichen. Danach ausdrücken und mit 2 EL Wasser und dem Instantkaffeepulver leicht erwärmen und auflösen. Sahne mit Sahnesteif und Puderzucker sehr steif schlagen. Den Orangenabrieb unterheben. Ein paar Esslöffel der Sahnemischung unter die Gelatine rühren. Dann unter kräftigem Rühren die Gelatinemischung unter die Sahne rühren. Sahnecreme auf dem ersten Tortenboden verteilen und im Kühlschrank fest werden lassen.

Währenddessen für die Füllung die gehackten Haselnüsse in einer Pfanne ohne Fett hellbraun rösten, Butter und Zucker zugeben, leicht karamellisieren lassen und dann mit Rum und Sahne ablöschen. Aus der Pfanne nehmen und auf einem Backpapier ausgebreitet auskühlen lassen. Anschließend auf der Sahneschicht verteilen. Den zweiten Tortenboden auf die Nussmischung setzen.

Für den Guss die Sahne, den Kandiszucker, die Butter und den Likör in einem Topf unter gelegentlichem Rühren bei kleiner Hitze ca. 30 Min. einkochen, bis die Masse hellbraun und dickflüssig ist. (Die Toffeemasse ist fertig, wenn eine kleine Menge auf einen Teller gegeben wird und sie nicht mehr läuft. Wenn sie noch zu flüssig ist, weiter einkochen). Die fertige Masse auf dem Kuchen verteilen und mit den grob gehackten Haselnüssen bestreuen. Nach Belieben kann auch ein kleiner Teil der Nüsse in den Guss gegeben werden. Den Kuchen im Kühlschrank vollständig erkalten lassen.

BRATAPFEL MIT AMARETTIFÜLLUNG

Zutaten für 4 Personen:

100 g Amaretti (ital. Mandelkekse)
4 cl Amaretto
4 rote Boskoop
2 EL Zitronensaft
1 EL flüssige Butter
2 EL Pistazienkerne ohne Salz
Puderzucker
Butter für die Form

Zubereitung: Backofen auf 180 Grad (Umluft) vorheizen. Die Amaretti grob zerkleinern, mit dem Mandellikör mischen und kurz ziehen lassen. Äpfel waschen und trocken reiben. Jeweils an der Stielseite einen Deckel abschneiden und mit einem Apfelausstecher das Kerngehäuse entfernen, dabei die Äpfel nicht ganz durchstechen. Die Öffnung etwas vergrößern und mit Zitronensaft beträufeln. Pistazienkerne hacken, mit flüssiger Butter unter die Amaretti mischen. Äpfel damit füllen und die Apfeldeckel aufsetzen. Mit Puderzucker bestäuben und in eine gefettete Auflaufform setzen. Im Backofen ca. 25 Min. backen.

Galanter Empfang
Schmuckfedern und edles Kristall in überraschenden Facetten verzaubern die Tafel zum Neujahrsfest – in den kleinen Nuancen zeigt sich die prickelnde Vorfreude!

BÜHNE FREI FÜRS NEUE JAHR

Prosit Neujahr!

Genießen Sie mit uns den letzten Akt des Jahres – mit Pomp, Champagner und köstlichen Aromen.

„Das Neujahr und seine Feier ist so etwas wie eine Theaterpause – man geht ans Buffet auf ein Gläschen und kommt auf seinen Platz zurück…"

Macht dieser Vergleich des Schriftstellers Gabriel Laub (1928–1998) nicht Lust auf etwas Bühnenatmosphäre zum Jahreswechsel? Lust auf den Moment, in dem der erste Vorhang gefallen ist und alles in froher Erwartung und in Festgarderobe zur Champagnerbar flaniert? Klassische Dramen werden sich hier kaum abspielen, wenn der Neubeginn in einer Stimmung von verspielter Raffinesse gefeiert wird. Es ist die Zeit der beschwingten Dialoge. Ein kleiner, intimer Empfang eignet sich vorzüglich, um solche Theatermomente nachzuempfinden. Hier und dort setzen neckische Details wie farbige Federn und Geschirr mit funkelnden Metallic-Spots im Glanz von Kerzenschein Akzente. Glamour ist Pflicht, denn wann hat man schon mal die Gelegenheit, so ungeniert aus dem Vollen zu schöpfen? Die raffiniert angerichteten Häppchen stehen dem in nichts nach: Kleine Portionen, appetitlich und originell präsentiert, passen perfekt in diese übermütige Stimmung. Farben, Formen und Aromen spielen dabei eine große Rolle. Serviert wird in außergewöhnlichen Gläsern, Schalen und auf Gabeln… Und über all dem verbreitet sich der Zauber dieser letzten Nacht, bis sich der Vorhang aufs Neue hebt, für den nächsten Akt, für das neue Jahr!

GOLDENE WINDBEUTEL

Zutaten für ca. 30 Stück:

¼ l Milch
100 g Butter
1 Pck. Vanillezucker
1 Prise Salz
150 g Mehl
5 Eier (Größe M)
Backpapier
250 ml Schlagsahne
1 Pck. Vanillezucker
Blattgold zum Verzieren (z. B. über www.gold-gourmet.de)

Zubereitung: Die Milch mit Butter, Vanillezucker und Salz in einem größeren Topf erhitzen und einmal aufkochen lassen. Mehl auf einmal dazuschütten und unter ständigem Rühren so lange abbrennen, bis sich ein Teigkloß bildet, der sich vom Topfboden löst. Backofen auf 200 Grad vorheizen. Teig in eine Rührschüssel umfüllen, etwas abkühlen lassen und dann die Eier nacheinander gut unterrühren. Teig in einen Spritzbeutel mit großer Rosette füllen und mit ein wenig Abstand etwa walnussgroße, gedrehte Tupfen auf das mit Backpapier ausgelegte Blech spritzen. In ca. 20 Min. goldgelb backen. Auskühlen lassen. Sahne mit Vanillezucker schlagen, in einen Spritzbeutel mit Lochtülle füllen, damit von unten in die Windbeutel stechen und vorsichtig mit der Sahne füllen, mit Blattgold belegen und möglichst rasch servieren.

SEKT-PFIRSICH-COCKTAIL

Zutaten für 4 Personen:

250 ml Orangensaft mit Fruchtfleisch
120 ml Pfirsichlikör
400 ml trockener Sekt

Zubereitung: Den Orangensaft in eine Eiswürfelschale geben und tiefkühlen. Jeweils 3 cl Pfirsichlikör in eine Sektschale gießen, mit dem Sekt auffüllen und jeweils einige Orangensaft-Eiswürfel hineingeben. Sofort servieren.

CHAMPAGNER-STIELEIS

Zutaten für 4 Personen:

125 g Puderzucker
1 Blatt Gelatine
175 ml Champagner
100 g Himbeeren (TK)
75 g weiße Schokolade
75 ml Sahne

Zubereitung: Gelatine in kaltem Wasser einweichen. 75 g Puderzucker mit 75 ml Wasser köcheln lassen, bis sich der Zucker aufgelöst hat. Etwas abkühlen lassen, ausgedrückte Gelatine unterrühren. Champagner unterrühren und in kleine Joghurtbecher füllen. Mit Alufolie abdecken und jeweils in der Mitte eine Öffnung hineinstechen. Einen Löffel möglichst gerade hineinstellen und das Eis mind. 6 Std. einfrieren. Für die Soßen Himbeeren antauen lassen und mit dem übrigen Zucker pürieren. Durch ein Sieb streichen und in ein kleines Schälchen füllen. Schokolade grob hacken und mit der Sahne über einem Wasserbad schmelzen. In Schälchen füllen. Eisformen kurz zum Herauslösen in heißes Wasser tauchen und das Eis mit den Soßen servieren.

BALSAMICO-ZWIEBEL-TARTELETTES

Zubereitung: Das Mehl auf die Arbeitsfläche häufeln, mit etwas Salz mischen, in die Mitte des Mehls eine Mulde drücken. 100 g kalte Butter in kleine Stücke schneiden, um die Mulde herum verteilen, Eigelbe in die Mitte geben, ca. 2 – 3 EL lauwarmes Wasser zugeben und sämtliche Zutaten mit dem Messer gut durchhacken, mit den Händen rasch zu einem Teig verkneten, zu einer Kugel formen, in Frischhaltefolie wickeln und ca. 30 Min. kühl stellen. Den Teig zwischen 2 Lagen Klarsichtfolie 3 mm dünn ausrollen und die gefetteten Vertiefungen des Muffinblechs damit auskleiden, dabei jeweils einen ca. 3 cm hohen Rand formen. Ein Stück Backpapier hineingeben und Hülsenfrüchte einfüllen. Im vorgeheizten Backofen bei 180 Grad ca. 15 – 20 Min. backen. Herausnehmen, abkühlen lassen, dann aus den Vertiefungen lösen und auf einem Kuchengitter auskühlen lassen. Den Apfel schälen und grob raspeln. Zwiebeln schälen und grob hacken, in der restlichen Butter weich dünsten, Apfel dazugeben und mitdünsten, dann mit Salz, Nelken und Pfeffer würzen. Den Zucker darüberstreuen und karamellisieren lassen, dann mit Balsamico ablöschen und etwas einkochen lassen. Die Zwiebelmasse leicht abkühlen lassen und in die Mini-Tartes füllen. Die Mayonnaise mit der sauren Sahne, Salz, Pfeffer und Zitronensaft verrühren, je einen Löffel davon auf die gefüllten Mini-Tartes geben und mit einem Petersilienblatt garniert servieren.

Zutaten für 18 Stück:

200 g Mehl	1 Msp. gemahlene Nelken
Salz	Pfeffer aus der Mühle
150 g Butter	1 EL Zucker
2 Eigelbe	50 ml Balsamessig
1 Mini-Muffinblech mit	2 EL Mayonnaise
18 Vertiefungen	2 EL saure Sahne
Hülsenfrüchte zum Blindbacken	Salz, Pfeffer aus der Mühle
1 Apfel	1 EL Zitronensaft
3 rote Zwiebeln	Petersilienblättchen

GEGRILLTE JAKOBSMUSCHELN MIT AVOCADODIP

Zutaten für 4 Personen:

1 Knoblauchzehe	einige Tropfen Tabasco
2 reife Avocados	Salz, Pfeffer aus der Mühle
2 EL Limettensaft	4 Jakobsmuscheln, ausgelöst
2 EL Mayonnaise	(ohne Rogen)
2 EL Crème fraîche	Sonnenblumenöl
1 Prise Zucker	Vanillesalz

Zubereitung: Für den Avocadodip die Knoblauchzehe schälen und klein schneiden. Die Avocados längs halbieren, Stein herauslösen und das Fruchtfleisch mit einem Löffel herausheben. Zusammen mit Limettensaft, Knoblauch, Mayonnaise und Crème fraîche fein pürieren, mit Zucker, Tabasco, Salz und Pfeffer würzen. Jakobsmuscheln waschen, trocken tupfen, jeweils eine Muschel auf einen Holzspieß stecken, die Muscheln dünn mit Öl einpinseln, mit Vanillesalz und Pfeffer würzen und auf jeder Seite ca. 1 Min. grillen. Ersatzweise können Sie die Muscheln auch in einer Grillpfanne braten. Zum Anrichten den Avocadodip in kleine Gläser füllen und den Muschelspieß hineinstecken, sofort servieren.

Formvollendet zeigt sich dieser weiße Weidenkranz
Zum Unikat wird er durch die altertümlichen kleinen Schätze, die ihn schmücken. Wie zum Beispiel Mutterkrautsträußchen in bezaubernden Kugelvasen aus Bauernsilber. Lauter charmante Raritäten, Gebrauchsspuren inklusive.

Kostbare Sammlerstücke
zieren diesen breit gebundenen Reisigkranz. Eine Schleife aus grauer Spitzenbordüre unterstreicht das Gesamtkunstwerk. Die Patina und kleine Blessuren an den Zifferblättern lassen ihr Alter und das Erlebte nur erahnen. Da schlägt das Sammlerherz natürlich höher.

Details mit großer Wirkung
Viele kleine und große Geschichten sind mit diesen Kränzen verwoben und erinnern uns an schöne Augenblicke.

Das alte Tafelsilber
wird mit einer filigran gehäkelten Baumwollborte am Kranz befestigt. Auf die Zierschleife wird ein Kärtchen mit Knopf angenäht. Die Löcher der Knöpfe sollten so groß sein, dass man sie mit einem Baumwollfaden auffädeln kann. Die Unterbauten sind bei jedem Floristen erhältlich.

Antik
und wie aus einer vergangenen Epoche wirken diese alten Zifferblätter. Es ist nicht leicht, schöne Exemplare aufzustöbern. Manchmal kann es Jahre dauern, bis man auf einem Flohmarkt oder beim Trödler fündig wird. Aber genau darin liegt der Reiz verborgen und macht die Gegenstände besonders wertvoll.

Die Zeit vergeht
und hinterlässt ihre Spuren.

A

Amaretti (ital. Mandelkekse) 97, 149
Amarettifüllung 149
Anis (s. Sternanis)
Anisschnaps 42
Aperitif 55, 57
Apfel 41, 42, 56, 69, 74, 95, 96, 97, 99, 101, 108, 122, 128, 138, 149, 153
Apfel-Beignets 97
Apfelessig 56, 70, 92
Apfelkuchen 96
Apfel-Picknick 95
Apfelsaft 69, 96, 105, 115
Apfelscheiben 95
Apfel-Spezialitäten 94
Apfel-Zimt-Tarte 96
Appetithappen 38
Aprikosen 74
– getrocknet 128
Aprikosenkonfitüre 92
Aprikosen-Maracuja-Marmelade 74
Aprikosenmarmelade 42
Auberginen 78, 115
Aufstriche 39
Austernpilze 71
Avocado 68
Avocadodip 153

B

Baguette 56, 70, 142
• Zwiebelbaguette 42
Baiserplätzchen 65
Baisers 13, 65
Balsamessig 37, 78, 112, 153
Balsamico 28, 37, 71, 153
Bandnudeln 82
Bärlauch 40, 46, 49
Bärlauchbutter 45, 49
Bärlauchschaumsüppchen 40
Basalmico-Zwiebel-Tartelettes 153
Basilikum 21, 40, 41, 46, 56, 70, 78, 84, 85
Basilikumöl 84
Bataviasalat 56
Beeren 12, 13, 25, 34, 42, 43, 60, 67, 68, 73, 74, 75, 92, 104, 109, 111, 129, 152
Beerenkonfitüre 74, 75
Beerenroulade 75

Birnen 69, 103, 105, 142, 148
Biskuit 12, 35, 75
Biskuitherzen 12
Blattspinat 37, 104, 108
Blaubeeren 68
Blauschimmel 27
Bleichsellerie 68
Bloody Mary 68
Blütenblätter
– essbare 61, 65
– getrocknete 61
Bockshornklee 45, 108
Borretschblüten 56, 57
Boskoop 96, 128, 138, 149
Bowle 20, 69
Brandteig 34
Bratapfel 127, 128, 147, 149
Bratensatz 104, 108, 109
Brioche 65
Brötchen aus Hefeteig 136
Brühe
• Fleischbrühe 115
• Gemüsebrühe 24, 40, 41, 42, 56, 82, 100, 101, 112, 115
• Hühnerbrühe 40
Buttercup squash (Speisekürbis) 115
Butterplätzchen 131
Butterschmalz 24, 28, 65, 104, 105, 142

C

Calvados 42
Campari 56, 57, 66
Campari-Cocktail 56
Cannelloni 84
Cayennepfeffer 108
Champagner 151, 152
Champagner-Stieleis 152
Champignons 24, 46, 70, 71, 78, 101, 104
Champignonspieß 78
Chili 28, 40, 49, 78, 148
Chili-Walnuss-Cookies 148
Christstollen 121, 125
Chutney 71
Cidre 95, 142
Cocktails (s. Drinks)
Cocktail-Tomaten 82
Cognac 100, 142
Cookies (s. Plätzchen)
Cornflakes 71
Crab cakes 71

Cranberrypunsch 126, 128
Cranberrys 128, 134
Cranberrysaft 128
Creme 12, 13, 20, 23, 31, 34, 60, 65, 68, 75, 97, 128, 145, 148, 149
• Dessertcreme 23
• Mandelcreme 43
• Maronencreme 145
• Nussnugatcreme 12
• Schokoladencreme 13, 25, 43
Cupcakes 91, 92
Curry 56, 108, 115

D

Datteln 124
Dessertcreme 23
Desserts, Trifle
• Erdbeer-Schoko-Quark 75
• Heidelbeertrifle 43
• Pudding 13, 34, 121, 124
• Schmarrn 104
• Toffee-Nuss-Pudding 121, 124
• Trifle mit Mascarpone 97
Dill 21, 37, 41, 68, 138
Dim Sum 37, 82, 83
Dips 21, 27, 39
• Avocadodip 153
• Erbsen-Minze-Dip 42
• Petersilienwurzel-Aprikosen-Minze-Dip 42
Doppelrahmfrischkäse 134
Dörrpflaumen 108
Drinks, Cocktails
• Bloody Mary 68
• Campari-Cocktail 56
• Fruchtcocktail 67, 69
• Gurkendrink 68
• Himbeerdrink 68
• Johannisbeerdrink 68
• Kiwi-Melonen-Drink 69
• Longdrink 57
• Papaya-Melonen-Drink 69
• Passionsfrucht-Drink 69
• Sekt-Pfirsich-Cocktail 152
• Sojadrink 92

E

Edamer 104
Eier
• Gänseeier 30, 51
• Hühnereier 27, 28

• Safraneier 28, 31
• Wachteleier 27, 28
• Zuckereier 30
Eierlikör 27, 31
Eingemachtes 39
Eis, Parfait
• Champagner-Stieleis 152
• Pistazieneis 65
• Roseneis 61
• Vanilleparfait 144, 145
Eiswürfel 20, 38, 40, 56, 57, 67, 68, 69, 152
– blütenverzierte 38
Eiszubereitung 67
Endiviensalat 27
Entenfond 108
Erbsen 42
Erbsen-Minze-Dip 42
Erdbeeren 12, 34, 73, 74, 75
Erdbeer-Kirsch-Konfitüre 74, 75
Erdbeer-Schoko-Quark 75
Erdbeersirup 75
Erdnüsse 135
Erdnussöl 37, 82
Espresso 25, 60, 148
Espresso-Mascarpone-Kuchen 60
Essig
• Apfelessig 56, 70, 92
• Balsamessig 37, 78, 112, 153
• Balsamico 28, 37, 71, 153
• Sherryessig 40
• Weinessig 41
• Weißweinessig 64
Esskastanien 99, 100

F

Farfalle 85
Fasan 107
Feigen 24, 37
Feigen-Trauben-Soße 24
Feldhühner 106
Feldsalat 105
Fenchel 139
Fenchelsaat 142
Feta 41, 49
Filet
• Fischfilet 24, 70, 142
• Schweinefilet 64
• Hähnchenbrustfilet 85
• Rehfilet 105
• Lachsfilet 138
Fischfond 142

Fleischbrühe 115
Fleischspieß 78, 79
Flusskrebs-Dim-Sum 37
Flusskrebse, marinierte 37
Flusskrebsfleisch 37
Flusskrebssalat 138
Flusskrebsschwänze 138
Flusskrebssülze 37
Flusskrebsvariationen 37
Fond
• Entenfond 108
• Fischfond 142
• Geflügelfond 28, 108
• Gemüsefond 37, 56
• Hühnerfond 108
• Wildfond 105, 142
Fondant 35
Frischkäse 21, 24, 39, 46, 70, 124, 134
Frischlingsmedaillons 142
Friséesalat 112
Fruchtcocktail 67, 69
Fruchtmus 73
Fruchtsoße 56
Frühlingszwiebeln 28, 40, 49, 82, 138
Füllung 13, 23, 35, 37, 65, 82, 83, 84, 104, 108, 135, 148, 149

G

Gänseei 30, 49
Garnelen 40, 142
Gartenkräuter 49
Gazpacho 40
Gebäck (s. Plätzchen)
Geflügel 107, 108, 109
Geflügelaroma 107
Geflügelbrühe 41, 101
Geflügelfond 28, 108
Gelatine 12, 35, 37, 60, 145, 149, 152
Gelee (s. Marmelade)
Gelierzucker (1:1, 2:1, 3:1) 73, 74, 125
Gemüse 41, 78, 82, 85, 100, 105, 115, 142
– gefülltes 70
– gegrilltes 78
Gemüsebrühe 24, 40, 41, 42, 56, 82, 100, 101, 112, 115
Gemüsecremesuppe 100
Gemüsefond 37, 56

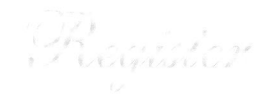

Gewürze
- Anis (s. Sternanis)
- Cayennepfeffer 108
- Chili 28, 40, 49, 78, 148
- Curry 56, 108, 115
- Gewürznelken 96, 115, 122
- Glühweingewürze 125
- Ingwer 40, 64, 71, 101, 108, 111, 115
- Knoblauch 21, 24, 28, 37, 40, 41, 46, 49, 64, 68, 78, 82, 84, 101, 108, 112, 115, 142, 153
- Kreuzkümmel 115
- Kurkuma 108
- Lorbeerblatt 82, 98, 105, 109
- Mohn 92, 135
- Muskat 40, 84, 100, 101, 108, 115, 131, 138
- Natron 92, 148
- Nelken 96, 109, 115, 122, 131, 134, 142, 148, 149, 153
- Piment 105, 111, 131
- Pottasche 131
- Safran 27, 28, 142
- Senf, Senfpulver 56, 71, 108, 112
- Sesamsamen 112
- Wacholderbeeren 105, 109
- Weihnachtsgewürze 121
- Zimt 43, 95, 96, 97, 108, 109, 111, 114, 115, 120, 122, 128, 130, 131, 134, 135, 145, 148, 149

Gewürznelken 96, 115, 122
Glühwein
 – Früchten, mit 122
 – Grundrezept 122, 123
 – weißer 122
Glühweingewürze 125
Glühweinsterne 125
God-Jul-Brot 139
Gorgonzola 56, 85
Granatäpfel 12, 105
Granatapfelkerne 12, 105
Granatapfelsoße 105
Granny Smith 138
Grieß 65, 84
Gugelhupf 135
Gurken 40, 41, 68, 112
Gurkendrink 68
Gurken-Joghurt-Suppe 41
Gurkensticks 39

H

Hackfleisch 84
Hähnchenbrust 78
Hähnchenbrustfilets 85
Hähnchenkeulen 56
Halloumi-Käse 112, 113
Halloween-Kürbisse 111
Hartweizengrieß 81
Haselnüsse 13, 28, 105, 125, 128, 134, 145, 148, 149
Haselnusskrokant, Krokant 13, 124
Haselnuss-Mokka-Pie 148
Haselnusstörtchen 133, 134
Hefekranz 27, 29, 31
Hefekuchen
 – pikanter 46
Hefeteig-Osterkranz 31
Heidelbeeren 43, 104
Heidelbeersaft 104
Heidelbeertrifle 43
Himbeerbaisers 13
Himbeerdrink 68
Himbeeren 13, 25, 60, 73, 75, 152
Himbeergeist 75
Himbeersaft 61
Himbeersirup 68
Hirschsteak 104
Hochzeitstorte
 – französische 34
 – weiße 35
Hokkaido-Fruchtfleisch 112, 115
Hokkaido-Kürbis 101, 112, 113
Honig 28, 31, 43, 64, 65, 69, 97, 112, 115, 124, 131
Honigmelone 56, 69
Hühnchen 85
Hühnerbrühe 40
Hühnereier 27, 28
Hühnerfond 108

I

Ingwer 40, 64, 71, 101, 108, 111, 115
Instantkaffeepulver 149

J

Jakobsmuscheln 24, 153
Joghurt 21, 41, 42, 43, 152
Johannisbeerdrink 68
Johannisbeeren 34, 73, 74, 92
Johannisbeergelee 60, 134
Johannisbeersaft 60
Johannisbeersirup 68
Julbullar 136

K

Kabocha (Speisekürbis) 115
Kaffee 11, 12, 13, 67, 98, 132, 133, 149
Kaffeelikör 60
Kalbsbrät 105
Kapern 42
Karamell 34, 149, 153
Karamellgitter 145
Kardamom 97, 122, 131, 148
Karotten 37, 84, 85, 100, 142
Kartoffeln 40, 56, 64, 65, 100, 105, 138
Kartoffelpuffer 138
Kartoffelstärke 138
Käse
- Blauschimmel 27, 28
- Doppelrahmfrischkäse 134
- Edamer 104
- Feta 41, 49
- Frischkäse 21, 24, 39, 46, 70, 124, 134
- Gorgonzola 56, 85
- Halloumi-Käse 112, 113
- Kräuterfrischkäse 46, 70
- Mascarpone 43, 60, 97, 145
- Mozzarella 37, 85
- Parmesan 82, 84, 115
- Ricotta 84
- Schafskäse 46
- Taleggio (ital. Weichkäse) 64
- Ziegenkäse 27, 28, 46, 70, 71, 84
Käserolle 46
Käsesoße 27, 28
Kastanien 99, 100, 145
Kastanienpüree 145
Kastaniensuppe 100
Kekse (s. Plätzchen)
Kichererbsensalat 49
Kirschlikör 74
Kirschwasser 128
Kiwi-Melonen-Drink 69
Kiwis 69
Knoblauchzehen 21, 24, 28, 37, 40, 41, 49, 64, 68, 78, 82, 84, 101, 108, 112, 115, 142, 153

Knödel 65, 105
Kohlrabi 85
Kokosmilch 40, 56, 108
Konfitüre (s. Marmelade)
Koriander 49, 78, 108, 112, 115
Kräuter
- Bärlauch 40, 46, 49
- Basilikum 21, 40, 41, 46, 56, 70, 78, 84, 85
- Blüten 20, 45, 46, 47, 56, 57, 65
- Bockshornklee 45, 108
- Borretschblüten 56, 57
- Dill 21, 37, 41, 68, 138
- Gartenkräuter 49
- Kresse 21, 28, 39
- Löwenzahn 56
- Majoran 84
- Minze 20, 21, 42, 68
- Oregano 46
- Petersilie 21, 24, 28, 37, 41, 42, 46, 49, 71, 78, 82, 85, 100, 101, 104, 105, 153
- Petersilienwurzel 42
- Pfefferminzblätter 68
- Rosmarin 41, 45, 46, 47, 78, 79, 105, 108, 112, 113
- Schnittlauch 21, 37, 46, 70, 82
- Thymian 42, 70, 78, 82, 85, 105, 108
- Waldmeister 18, 20
- Zitronengras 40
- Zitronenmelisse 43, 69
Kräuterbrot 49
Kräuter-Farfalle 85
Kräuterfrischkäse 46, 70
Kräuterkuchen 45
Kräuterquark 21
Kräutersalz 49
Kräutersüppchen 28
Krebsfleisch 37, 71
Kresse 21, 28, 39
Kreuzkümmelpulver 115
Kuchen, Cakes, Pies, Tartes, Tartelettes, Torten, Törtchen
- Apfel-Beignets 97
- Apfelkuchen 96
- Apfel-Zimt-Tarte 96
- Balsamico-Zwiebel-Tartelettes 153
- Beerenroulade 75
- Biskuitherzen 12
- Christstollen 121, 125
- Crab cakes 71
- Cupcakes 91, 92
- Espresso-Mascarpone-Kuchen 60
- Gugelhupf 135
- Haselnuss-Mokka-Pie 148
- Haselnusstörtchen 133, 134
- Hefekranz 27, 29, 31
- Hefekuchen 46
- Hefeteig-Osterkranz 31
- Hochzeitstorte 34, 35
- Kräuterkuchen 45
- Kuchenpyramide 92
- Lachstarte 136
- Lebkuchen 131
- Mohnrolle 135
- Muffins 61
- Pilztarte 103, 104
- Pumpkin Pie 111
- Schokoladenkuchen 13, 121, 124
- Schokoladentorte 12
- Stollen 121, 125
- Struwen 27, 28
- Toffeekuchen 148
- Waldpilztarte 104
- Walnussgugelhupf 135
- Weihnachtskuchen 133, 134
- Zitronentörtchen 20
Kuchenpyramide 92
Küchlein aus Hefeteig (Struwen) 27, 28
Kumquats 69, 134
Kürbis
 – gefüllter 115
Kürbis-Apfel-Suppe 101
Kürbisbrot 112
Kürbisfleisch 112
Kürbiskerne 25
Kürbiskernöl 112
Kürbisrisotto 115
Kürbissorten
- Buttercup squash (Speisekürbis) 115
- Hokkaido-Kürbis 101, 112, 113
- Kabocha (Speisekürbis) 115
- Kleinformat 113
- Muskatkürbis 115
- Speisekürbis (z. B. Buttercup squash, Kabocha) 115

Kürbisspalten, gebackene 112
Kürbissuppe 101, 111
Kurkuma 108
Kuvertüre 43, 92, 135, 148

L

Lachsfilet 138
Lachskaviar 138
Lachstarte, schwedische 138
Lasagne, Lasagnette 21, 82
Lauchstangen 37, 40, 82
Lebkuchen 131
Liebesperlen 12
Likör
- Eierlikör 27, 31
- Kaffeelikör 60
- Kirschlikör 74
- Mandellikör 128, 149
- Orangenlikör 35, 134
- Pfirsichlikör 152
- Vanillelikör 145
- Whiskylikör 149

Limetten 20, 56, 57, 69
Limettensaft 40, 41, 56, 68, 108, 153
Limettenscheiben 20, 47, 69
Linsen 82
Löffelbiskuits 42
Lollipop-Pralinen 92
Lollipops 92
Longdrink 57
Lorbeerblatt 82, 98, 105
Löwenzahnsalat 56

M

Maibowle 19, 20
Majoran 84
Mandelblättchen 142
Mandelcreme 43
Mandel-Dragees 34
Mandelkrokant 124
Mandellikör 128, 149
Mandeln 13, 31, 61, 96, 105, 124, 130, 131, 134, 142, 145
Mandelpüree 43
Mandelsplitter 31
Maracujas 74
Margarine 92, 145
Marmelade, Gelee, Konfitüre
- Aprikosenkonfitüre 92
- Aprikosen-Maracuja-Marmelade 74
- Aprikosenmarmelade 42
- Beerenkonfitüre 74, 75
- Erdbeer-Kirsch-Konfitüre 74, 75
- Johannisbeergelee 60, 134
- Pfefferminzgelee 42
- Rosen-Himbeer-Gelee 60

Maronen 7, 103, 111, 114, 115, 145
Maronencreme 145
Marzipan 65, 128, 135
Mascarpone 43, 60, 96, 145
Mayonnaise 41, 42, 71, 138, 153
Medaillons 105, 142
Meerrettich 68
Meersalz 41, 56, 82, 92, 100
Melonen 55, 56, 57, 67, 69
Melonensaft 56, 57
Milchstern 48
Mineralwasser 20, 47, 56, 67, 68, 69
Minikürbis (z. B. Jack Be Little) 113
Minze 20, 21, 42, 68
Mohn 92, 135
Mohnrolle 135
Möhren 38, 39, 41, 105, 115
Mojito 20
Mozzarella 37, 85
Muffins 61
Mungobohnenkeime 82, 83
Muskat 40, 84, 100, 101, 108, 115, 131, 138
Muskatkürbis 115
Muskatnuss 40

N

Natron 92, 148
Nelken 96, 109, 115, 122, 131, 134, 142, 148, 149, 153
Nudeln (s. a. Pasta)
- Bandnudeln 82
- Cannelloni 84
- Farfalle 85
- Lasagne 21
- Lasagnette 82
- Ravioli 84
- Spaghetti 25, 81
Nudelteig 84, 85
- -herstellung 81
Nüsse, Keime, Kerne, Körner
- Erdnüsse 135
- Kürbiskerne 25
- Mandeln 13, 31, 61, 96, 105, 124, 130, 131, 134, 142, 145
- Mungobohnenkeime 82, 83
- Muskatnuss 40
- Pimentkörner 105
- Pistazien 65, 149
- Sonnenblumenkerne 39, 49
- Walnüsse 38, 41, 124, 134, 135, 148
Nussnugatcreme 12

O

Ogen-Melone 69
Öl
- Basilikumöl 84
- Erdnussöl 37, 82
- Kürbiskernöl 112
- Olivenöl 21, 37, 39, 40, 41, 42, 49, 56, 70, 71, 78, 81, 82, 84, 85, 100, 108, 112, 115, 138
- Pflanzenöl 37, 138
- Rosenöl 60, 61
- Sesamöl 112
- Sonnenblumenöl 12, 56, 71, 78, 115, 153
Oliven 42, 85
Olivenöl 21, 37, 39, 40, 41, 42, 49, 56, 70, 71, 78, 81, 82, 84, 85, 100, 108, 112, 115, 138
Olivenpaste, schwarze 42
Orangen 69, 74, 92, 122, 128, 142
Orangenabrieb 92, 135, 149
Orangenlikör 35, 134
Orangensaft 128, 135, 152
Orangenscheiben 122
Oregano 46
Osterhasen 25
Osterkranz 31
Osterlamm 29

P

Papaya 69
Papaya-Melonen-Drink 69
Paprika, gelbe, grüne, rote 27, 28, 40, 41, 78, 84
Paprikasoße 27, 28
Parfait (s. Eis)
Parmaschinken 37, 71, 82
Parmesan 82, 84, 115
Passionsfrucht-Drink 69
Passionsfrüchte 69
Pasta
- Grundrezept 81
Pektin 73
Peperonatasuppe 41
Perlhuhn, gefülltes 108
Petersilie 21, 24, 28, 37, 41, 42, 46, 49, 71, 78, 82, 85, 100, 101, 104, 105, 153
Petersilienwurzel 42
Petersilienwurzel-Aprikosen-Minze-Dip 42
Pfefferminzblätter 68
Pfefferminzgelee 42
Pfifferlinge 103, 105, 109
Pfirsiche 55, 56, 67, 69
Pfirsichlikör 152
Pflanzenöl 37, 138
Pflaumen 64, 65, 108
Pies (s. Kuchen)
Pilzcremesuppe 101
Pilze
- Champignons 24, 46, 70, 71, 78, 101, 104
- Pfifferlinge 103, 105, 109
- Portobello-Pilze 64
- Steinpilze 103, 104
Pilztarte 103, 104
Piment 105, 111, 131
Pistazien 65, 149
Pistazieneis 65
Plätzchen, Cookies, Gebäck, Kekse
- Amaretti 97, 149
- Baiserplätzchen 65
- Baisers 13, 65
- Biskuitherzen 12
- Butterplätzchen 131
- Chili-Walnuss-Cookies 148
- Cupcakes 91, 92
- Glühweinsterne 125
- Grissini 39
- Handschuhform, in 130
- Himbeerbaisers 13
- Lebkuchen 131
- Löffelbiskuits 42
- Muffins 61
- Schwarzweißgebäck 133
- Struwen 27, 28
- Zimtsterne 130
Portobello-Pilze 64
Portwein 108, 109
Pottasche 131
Pralinen 92
Preiselbeeren 109
Pudding 13, 34, 121, 124
Pumpernickel 39, 138
Pumpernickeltaler 39
Pumpkin Pie 111
Putenbrust 41, 78
Putensalat 38, 41

Q

Quark 21, 60, 65, 75, 125, 139

R

Radicchio 112
Radieschen 138
Ranunkeln 16, 23, 48
Räucherfisch 70
Räucherlachs 68, 138
Räucherlachsscheiben 138
Ravioli 84
Rebhuhn 106, 107
Rehbrät 105
Rehknödel 105
Ricotta 84
Rillettes 42
Rindfleischtopf 114, 115
Risottoreis 115
Roggenmehl 49
Rosé-Champignons 78
Rosenblüten 10, 11, 35, 59, 61
- kandierte 60
Roseneis 61
Rosen-Himbeer-Gelee 60
Rosenkohl 108
Rosenöl 60, 61
Rosensalz 45
Rosinen 28, 31, 96, 121, 122, 124, 125, 128, 136, 139
Rosinenbrot, traditionelles 139
Rosmarin 41, 45, 46, 47, 78, 79, 105, 108, 112, 113
Rotkohl 109
Rotwein 103, 104, 108, 109, 122, 125
Rotweinsoße 104
Rucola 37, 64, 71
Rucolasalat 37
Rührei 70
Rum 96, 120, 121, 124, 125, 128, 139, 145, 149
- brauner 128, 134
- weißer 20, 31, 122
Rumrosinen 122, 125
Rundkornreis 115

S

Safran 27, 28, 142
Safranbad 27
Safraneier 27, 28, 31
Safran-Fenchel-Sud 142
Saft
- Apfelsaft 69, 96, 105, 115
- Cranberrysaft 128
- Heidelbeersaft 104
- Himbeersaft 61
- Johannisbeersaft 60
- Limettensaft 40, 41, 56, 68, 108, 153
- Melonensaft 56, 57
- Orangensaft 128, 135, 152
- Selleriesaft 68
- Tomatensaft 40, 68, 78
- Traubensaft 43
- Zitronensaft 12, 13, 20, 35, 37, 42, 49, 60, 68, 74, 78, 96, 97, 104, 105, 108, 112, 122, 125, 130, 131, 134, 135, 138, 149, 153

Sahne 12, 21, 24, 25, 28, 31, 35, 40, 43, 60, 61, 65, 75, 82, 85, 97, 100, 101, 104, 105, 115, 124, 128, 134, 145, 149, 152, 153
Sahnesteif 75, 149
Salat
- Bataviasalat 56
- Endiviensalat 27
- Feldsalat 105
- Flusskrebssalat 138
- Friséesalat 112
- gemischter Salat 37
- Salat mit Sesamkürbis 112
- Kichererbsensalat 49
- Löwenzahnsalat 56
- Putensalat 38, 41
- Rucolasalat 37
- Sommersalat 38, 55, 56
- Tomatensalat 70, 78

Salatblätter 41
Salatgurke 41, 68
Salat-Mayonnaise 42
Sardellenfilets 42
Sauerteig 49
Schafskäse 46
Schalotten 28, 40, 56, 64, 71, 105, 108, 142
Schinken, gekochter 46
Schmarrn 104

Schnittlauch 21, 37, 46, 70, 82
Schnittlauchröllchen 70
Schokofrüchte 145
Schokolade 12, 13, 25, 43, 60, 65, 75, 109, 124, 134, 135, 145, 148, 152
Schokoladencreme 13, 25, 42
Schokoladenkuchen 13, 121, 124
Schokoladentorte 12
Schokosoße 124
Schokostreusel 145
Schweinebauch 42
Schweinefilet 64
Schweineschmalz 42
Schweinsbratwürste 108
Seezungenröllchen 23, 24
Sekt 20, 68, 152
Sekt-Pfirsich-Cocktail 152
Selleriesaft 68
Semmelbrösel 13, 84, 105
Senf 56, 71, 108, 112
Sesamkürbis 112
Sesamöl 112
Sesamsamen 112
Sherryessig 40
Sojadrink 92
Sojasoße 37, 82, 108
Sommerbowle, alkoholfreie 69
Sommersalat 38, 55, 56
Sonnenblumenkerne 39, 49
Sonnenblumenöl 12, 56, 71, 78, 115, 153
Soßen
- Feigen-Trauben-Soße 24
- Fruchtsoße 56
- Granatapfelsoße 105
- Käsesoße 28
- Paprikasoße 28
- Rotweinsoße 104
- Schokosoße 124
- Spinatsoße 28
- Vanillesoße 128

Spaghetti 25, 81
Spargelspitzen 82
Speck 82, 107, 112
Speckwürfel 112
Speisekürbis (z. B. Buttercup squash, Kabocha) 115
Speisestärke 92
Spieße 78, 79, 92, 153
Spinat 27, 28, 37, 64, 82, 83, 84, 104, 108

Spinat-Mungobohnenkeime-Füllung 82, 83
Spinatsoße 27, 28
Stärkemehl 13, 34
Staudensellerie 41, 100, 112
Steak 77, 104
Steinpilze 103, 104
Sternanis 120, 122
Stieleis 152
Stollen 121, 125
Struwen 27, 28
Sugo 82
Suppen
- Gazpacho 40
- Gemüsecremesuppe 100
- Gurken-Joghurt-Suppe 41
- Kastaniensuppe 100
- Kürbis-Apfel-Suppe 101
- Kürbissuppe 101, 111
- Peperonatasuppe 41
- Pilzcremesuppe 101
- Vichyssoise-Suppe 40

Suppengrün 82
Süßkirschen 74

T

Tabasco 68, 153
Taleggio (ital. Weichkäse) 64
Teigwaren 81
Thai-Basilikum 40
Thymian 42, 70, 78, 82, 85, 105, 108
Tintenfisch 78
Toffeekuchen 148
Toffee-Nuss-Pudding, englischer 121, 124
Tofu 82
Tomaten 40, 70, 71, 82, 84, 85
Tomaten-Ingwer-Chutney 71
Tomaten-Linsen-Sugo 82
Tomatensaft 40, 68, 78
Tomatensalat 70, 78
Ton-in-Ton-Komposition 103
Torten, Törtchen (s. Kuchen)
Tortenzierde 58
Traubensaft 43
Trifle (engl. Süßspeise) 43, 97

V

Vanillebutter 65
Vanillelikör 145
Vanillemark 31, 65, 97, 124, 145, 148

Vanilleparfait 144, 145
Vanillesalz 153
Vanilleschote 31, 34, 61, 65, 74, 124, 128, 134, 135, 145, 148
Vanillesoße 128
Vichyssoise-Suppe 40
Vollmilchschokolade 135
Vorspeise 38, 103

W

Wacholderbeeren 105, 109
Wachtel, gefüllte 108
Wachteleier 27, 28
Wachtelzucht 107
Waldmeister 18, 20
Waldpilztarte 104
Walnüsse 38, 41, 124, 134, 135, 148
Walnussgugelhupf 135
Wan-Tan-Teigplatten 37, 82
Wassermelone 56
Weihnachtsgewürze 121
Weihnachtskuchen 133, 134
Weihnachtsleckereien 121
Weinessig 41
Weinsäure 73
Weintrauben 69, 103, 112
Weißwein 20, 24, 64, 78, 97, 100, 105, 108, 115, 122, 142
Weißweinessig 64
Weizenmehl 34, 92, 148
Whiskylikör 149
Wildente 107, 108
Wildentenbrust 108
Wildentencurry 108
Wildfond 105, 142
Wildgeflügel 107, 109
Wildschweinmedaillons 105, 142
Windbeutel
– gefüllte 68
– goldene 152
Wodka 60, 68

Z

Zartbitterkuvertüre 43
Zartbitterschokolade 12, 13, 25, 60, 65, 109, 134, 145, 148
Ziegenfrischkäse 70
Ziegenkäse 27, 28, 46, 70, 71, 84

Zimt 43, 95, 96, 97, 108, 109, 111, 114, 115, 120, 122, 128, 130, 131, 134, 135, 145, 148, 149
Zimtsterne 130
Zimtstückchen 95
Zimtzucker 95, 96
Zitronenmelisse 43, 69
Zitronen 20, 31, 49, 57, 65, 69, 70, 74, 82, 105, 122, 125, 128, 138
Zitronenabrieb 131, 135
Zitronengras 40
Zitronensaft 12, 13, 20, 35, 37, 42, 49, 60, 68, 74, 78, 96, 97, 104, 105, 108, 112, 122, 125, 130, 131, 134, 135, 138, 149, 153
Zitronensäure 73, 74
Zitronentörtchen 20
Zitrusfrüchte 55, 69
Zucchini 21, 70, 78
Zuckereier 30
Zuckerperlen 12, 93
Zuckerperlenkette 93
Zuckerschoten 108
Zuckersirup 69
Zwetschen 65, 69
Zwetschenknödel 65
Zwiebel 24, 28, 37, 40, 41, 42, 49, 56, 70, 82, 84, 100, 101, 104, 105, 108, 111, 112, 115, 138, 142, 153

Impressum

© 2013 Verlag Georg D. W. Callwey GmbH & Co. KG
Streitfeldstraße 35, 81673 München
www.callwey.de
E-Mail: buch@callwey.de

2. Auflage 2013

Die Geschichten, Rezepte und Deko-Ideen stammen aus der Zeitschrift „Wohnen & Garten": M.I.G. Medien Innovation GmbH, Offenburg.

Bibliografische Information der Deutschen Nationalbibliothek
Die Deutsche Nationalbibliothek verzeichnet diese Publikation in der Deutschen Nationalbibliografie; detaillierte bibliografische Daten sind im Internet über <http://dnb.d-nb.de> abrufbar.

ISBN 978-3-7667-2045-0

Das Werk einschließlich aller seiner Teile ist urheberrechtlich geschützt. Jede Verwertung außerhalb der engen Grenzen des Urheberrechtsgesetzes ist ohne Zustimmung des Verlags unzulässig und strafbar. Das gilt insbesondere für Vervielfältigungen, Übersetzungen, Mikroverfilmungen und die Einspeicherung und Verarbeitung in elektronischen Systemen.

Projektleitung: Tina Freitag
Lektorat und Korrektorat:
Heide Hohendahl, München
Umschlaggestaltung:
Anzinger | Wüschner | Rasp, Agentur für Kommunikation GmbH, München; unter Verwendung folgender Bilder: © Stock-Food, James Carriere (Cover), Sonja Bannick (o. links); StockFood, Simon Brown (o. rechts); StockFood, Kai Schwabe (u. links); Susanne Grüters (u. rechts, vordere Klappe)
Layout und Satz: Daniela Petrini, München
Druck und Bindung:
Offizin Andersen Nexö Leipzig GmbH, Zwenkau

Printed in Germany

Bildnachweis

Sonja Bannick: S. 18, S. 19, S. 20 mitte, S. 21 unten, S. 30 o. links, S. 50, S. 51 links + m. rechts, S. 58, S. 86 links, S. 146, S. 147, S. 154, S. 154/155 (2), S. 155 (3)
Biovegan: S. 92 unten
Bernd Böhm/Produktion: Angelika Dietzmann: S. 2, S. 26, S. 27, S. 28 u. links, S. 31 oben, S. 62, S. 150, S. 151, S. 152 oben
Elke Borkowski: S. 51 o. rechts, S. 59, S. 87
Ursel Borstell: S. 98, S. 99
Christa Brand: S. 45, S. 46 oben, S. 47 rechts, S. 48 links, S. 49 oben (Bezugsquelle: www.schoene-dinge-lahme.de), S. 102
Butlers: S. 93 m. rechts
DaWanda:
chamue über DaWanda.com: S. 93 m. links
milimi über DaWanda.com: S. 91
Emotive Images/Produktion: Angelika Dietzmann: S. 11
Flora Press:
Gisela Caspersen: S. 79 rechts
Christine Ann Föll: S. 116, S. 116/117 oben, S. 117 o. rechts + u. rechts
Living & More: S. 116/117 unten S. 117 u. links
Helga Noack: S. 6
Flowers & Green: S. 30 u. links, S. 54
Fotolia:
Bobo: S. 93 o. rechts
ExQuisine: S. 109 m. rechts
hakoar: S. 107
Christian Jung: S. 109 o. rechts
lynea: S. 106 (kleines Foto)
Gettyimages: S. 74 unten
Ledner: S. 33
Susanne Grüters: S. 14, S. 15, S. 16 (3), S. 17, S. 22, S. 23, S. 51 u. rechts, S. 55, S. 86/87 oben, S. 94, S. 95, S. 96 oben, S. 103, S. 120, S. 125 unten, S. 126, S. 127 (2), S. 129 (2), S. 130 oben, S. 131 unten
Helmold & Hertrich: S. 29 links + o. rechts, S. 32, S. 36 (3)
Jahreszeiten Verlag:
Jan Brettschneider: S. 57 u. rechts, S. 77, S. 78 rechts
Carsten Eichner: S. 78 links
Ulrike Holsten: S. 112 oben
Peter Garten: S. 65 unten
Kramp + Gölling: S. 76, S. 142 unten
Wolfgang Schardt: S. 29 u. rechts
Jan-Peter Westermann: S. 75 u. links
Maxwell & Williams: S. 93 u. rechts
Peter Meier/Produktion: Victoria Ahmadi: S. 137
MEV: S. 43 u. rechts
Marion Nickig: S. 57 links
Photocuisine:
Dieterlen: S. 115 unten
Lawton: S. 114
Nicol: S. 42 u. links
Radvaner: S. 43 u. links
Riou: S. 43 u. rechts
Roulier/Turiot: S. 64 oben
Thys/Supperdelux: S. 113 links
Viel: S. 112 unten
Picture Press:
Anke Schütz: S. 56 unten
Georg Reszeter: S. 63
Olaf Szczepaniak: S. 144 links
Bernhard Schmerl/Produktion: Andrea Sundermann: S. 132
Götz Schwan/Produktion: Angelika Dietzmann: S. 66, S. 86/87 unten, S. 140, S. 141, S. 143 (3)
StockFood:
Frank Adam: S. 71 oben
Fritz Albert: S. 125 oben
Klaus Arras: S. 83 links + o. rechts (4 Steps)
Damir Begovic: S. 85 oben
Bender, Bender: S. 28 u. rechts
Harry Bischof: S. 31 mitte, S. 80, S. 85 unten, S. 101 unten
Dorota i Bogdan Bialy: S. 24 oben, S. 104 oben, S. 149 oben
Barbara Bonisolli: S. 105 unten
Michael Boyny: S. 37 oben
Oliver Brachat: S. 128 unten
Christa Brand: Vorsatzpapier, S. 44, S. 46 unten, S. 47 links, S. 48 rechts, S. 49 unten
Maria Brinkop: S. 111
Simon Brown: S. 79 links
Nicolai Buroh: S. 148 oben
James Carriere: S. 122 oben
Rua Castilho: S. 96 unten
Cato-Symonds: S. 153 oben
Jean Cazals: S. 115 oben
Walter Cimbal: S. 109 u. rechts
Achim Deimling-Ostrinsky: S. 122 unten
James Duncan: S. 67
Miki Duisterhof: S. 68 oben
Yvonne Duivenvoorden: S. 110
Eising Studio-Food Photo & Video: S. 1, S. 41 mitte, S. 42 o. links + u. rechts, S. 57 o. rechts, S. 69 oben, S. 75 o. rechts + u. rechts, S. 82 (2), S. 84 oben, S. 130 unten, S. 135 oben, S. 149 unten
Feig/Feig: S. 81
Rob Fioca Photography: S. 65 u. rechts
Fotos mit Geschmack: S. 60 oben
Foodcollection: S. 61 oben, S. 131 oben
Gallo Images Pty Ltd.: S. 12 unten
Ian Garlick: S. 40 u. rechts, S. 56 oben, S. 100 unten
Hans Gerlach: S. 108 links
Jonathan Gregson: S. 106 (großes Foto)
Winfried Heinze: S. 13 oben, S. 40 u. links, S. 64 unten, S. 123, S. 124 unten
Matthias Hoffmann: S. 42 o. rechts
Ulrike Holsten: S. 68 u. rechts
A. Hrbkova: S. 38, S. 41 unten, S. 134 oben
Akiko Ida: S. 109 links
Marie José Jarry: S. 92 oben
Johner: S. 136, S. 139 (2)
Ulrike Koeb: S. 20 unten
Uli Kohl: S. 104 unten
Roland Krieg: S. 69 u. rechts, S. 72, S. 73
Kröger & Gross: S. 71 unten
La Food – Thomas Dhellemmes: S. 97 oben
Ira Leoni: S. 10, S. 20 oben
Matilda Lindeblad: S. 61 unten, S. 153 unten
Barbara Lutterbeck: S. 105 oben, S. 148 unten
Caroline Martin: S. 144 rechts
Mauduech/Lebain: S. 34
Maximilian Stock Ltd.: S. 75 m. links
Pepe Nilsson: S. 101 oben, S. 138 unten
Beata Polatynska: S. 135 unten
Per Magnus Persson: S. 138 oben
Peter Rees: S. 37 unten
Jean-Francois Rivière: S. 24 unten, S. 97 unten, S. 142 oben, S. 145
Amélie Roche: S. 41 oben
Giorgio Scarlini: S. 31 unten
Wolfgang Schardt: S. 108 oben, S. 121, S. 124 oben, S. 128 oben, S. 134 unten, S. 152 u. links + u. rechts
Martina Schindler: S. 13 unten
Kai Schwabe: S. 39, S. 113 rechts
Oliver Schwarzwald: S. 74 oben
George Seper: S. 83 u. rechts
Howard Shooter: S. 65 u. links
Kai Stiepel: S. 35, S. 43 oben
Friedrich Strauß: S. 68 u. links, S. 69 u. links, S. 133
Studio Lipov: S. 70 oben
Studio Schiermann: S. 25 oben
Teubner Foodfoto GmbH: S. 70 mitte, S. 100 oben
Brigitte Wegner: S. 12 oben
Jan-Peter Westermann: S. 28 oben, S. 40 oben, S. 84 unten
Frank Wieder: S. 25 unten
Bernhard Winkelmann: S. 21 oben, S. 60 unten, S. 70 unten
Friedrich Strauß: S. 30 rechts
Katja von Lipinski: S. 90, S. 93 links

Autorennachweis

Heike Behrens: S. 10–13, S. 26–31, S. 42–43, S. 44–49, S. 54–57, S. 62–65, S. 90–93, S. 106–109, S. 110–115, S. 120–125, S. 132–135, S. 150–153
Birgit Eichinger: S. 140–145
Marlen Forster: S. 98–101
Susanne Grüters: S. 14–17, S. 22–25, S. 58–61, S. 86–87, S. 102–105
Claudia Ploh: S. 116–117
Karin Heimberger-Preisler: S. 66–71, S. 72–75, S. 80–85
Uta Daniela Köhne: S. 76–79
Petra Kroll: S. 136–139
Irene Lehmann: S. 38–41
Tina Schramm: S. 146–149
Birgit Seidel: S. 94–97, S. 126–131
Marion Stieglitz: S. 18–21, S. 50–51
Florian Wachsmann: S. 32–37
Sabrina Weber: S. 154–155